校园体育

棍术 枪术
GUNSHU QIANGSHU

主编 赵锦锦 陈伟 杨雨龙 董新伟

吉林出版集团股份有限公司

图书在版编目(CIP)数据

棍术 枪术 / 赵锦锦,杨雨龙等主编. -- 长春：吉林出版集团股份有限公司,2011.5
ISBN 978-7-5463-5252-7

Ⅰ.①棍… Ⅱ.①赵… ②杨… Ⅲ.①棍术(武术)—中国—青年读物②棍术(武术)—中国—少年读物③枪术(武术)—中国—青年读物④枪术(武术)—中国—少年读物 Ⅳ.①G852.25-49②G852.23-49

中国版本图书馆 CIP 数据核字(2011)第 081713 号

棍术 枪术

主编 赵锦锦 陈伟 杨雨龙 董新伟
策划 曹恒
责任编辑 息望 付乐
出版发行 吉林出版集团股份有限公司
印刷 河北锐文印刷有限公司
版次 2011 年 7 月第 1 版 2018 年 5 月第 7 次印刷
开本 787mm×1092mm 1/16 印张 10 字数 100 千
书号 ISBN 978-7-5463-5252-7 定价 26.80 元
社址 长春市人民大街 4646 号 邮编 130021
电话 0431-85618717 传真 0431-85618719
电子邮箱 tiyu717@126.com

版权所有 翻印必究
如有印装质量问题,请寄本社退换

《校园体育》编委会

名誉主任	孙麒麟				
主　　任	宛祝平				
编　　委	支二林	方志军	王宇峰	王晓磊	冯晓杰
	田云平	兴树森	刘云发	刘延军	孙建华
	曲跃年	吴海宽	张　强	张少伟	张铁民
	李　刚	李伟亮	李志坚	杨雨龙	杨柏林
	苏晓明	邹　宁	陈　刚	岳　言	郑风家
	宫本庄	赵权忠	赵利明	赵锦锦	潘永兴

《棍术 枪术》编委会

主　　编	赵锦锦	陈　伟	杨雨龙	董新伟	
副主编	刘培华	宁玉诚	左钧升		
编　者	王晓磊	杨志亭	刘培华	宁玉诚	左钧升
审　订	陈　刚				

序言

盛世奥运，举国同辉。教育部、国家体育总局、共青团中央联合启动了"全国亿万青少年学生阳光体育运动"项目。这是我国新时期加强青少年体育锻炼、增强青少年体质的战略举措。

民族复兴，体育同行。近世中国，面对民族危难，仁人志士坚信"少年强则国强"，号召新青年"文明其精神，野蛮其体魄"。新中国成立后，党和政府十分重视青少年的健康成长，提出"健康第一，学习第二""发展体育运动，增强人民体质"等口号。当今世界，体育发展水平已成为衡量民族文明程度的一项重要指标。

重智商、轻体育，重营养、轻锻炼的倾向，将严重阻碍青少年素质的全面发展。开展阳光体育运动的目的，就是号召青少年学生走向操场、走进大自然、走到阳光下，并以奥运为契机，以全民健身为背景，促使青少年养成体育锻炼的良好习惯。

为配合阳光体育运动的开展，吉林出版集团组织有关专家和一线体育工作者，共同编著了这套《校园体育》。希望本丛书的出版，能为各级各类学校开展阳光体育运动辅以指导和帮助。

目录 CONTENTS

第一章 运动保护
第一节 生理卫生 …………………………2
第二节 运动前准备 ………………………3
第三节 运动后放松 ………………………8
第四节 恢复养护 …………………………10

第二章 棍术概述
第一节 起源与发展 ………………………12
第二节 特点与价值 ………………………14

第三章 棍术场地、器材和装备
第一节 场地 ………………………………18
第二节 器材 ………………………………20
第三节 装备 ………………………………21

第四章 棍术基本技术
第一节 握棍基本方法 ……………………24
第二节 基本棍法 …………………………31

第五章 棍术基本棍法组合练习
第一节 歇步平举棍—蹲步扫棍—腾踔后举
棍—仆步摔棍 ……………………66
第二节 弓步劈棍—弓步戳把—转身弓步戳棍
………………………………………67

目录 CONTENTS

  第三节 弓步背棍—马步平抡棍—换跳步、
      马步劈棍‥‥‥‥‥‥‥‥‥‥‥‥‥‥68
  第四节 花弓步劈棍—震脚弓步架棍—虚步
      劈把—跳步转身云棍—弓步拨棍‥‥69
第六章 棍术比赛规则
  第一节 程序‥‥‥‥‥‥‥‥‥‥‥‥‥‥‥72
  第二节 裁判‥‥‥‥‥‥‥‥‥‥‥‥‥‥‥73
第七章 枪术概述
  第一节 起源与发展‥‥‥‥‥‥‥‥‥‥‥‥76
  第二节 特点与价值‥‥‥‥‥‥‥‥‥‥‥‥78
第八章 枪术场地、器材和装备
  第一节 场地‥‥‥‥‥‥‥‥‥‥‥‥‥‥‥82
  第二节 器材‥‥‥‥‥‥‥‥‥‥‥‥‥‥‥83
  第三节 装备‥‥‥‥‥‥‥‥‥‥‥‥‥‥‥85
第九章 枪术基本技术
  第一节 握枪‥‥‥‥‥‥‥‥‥‥‥‥‥‥‥88
  第二节 扎枪‥‥‥‥‥‥‥‥‥‥‥‥‥‥‥89
  第三节 拦枪与拿枪‥‥‥‥‥‥‥‥‥‥‥‥93
  第四节 劈枪与挑枪‥‥‥‥‥‥‥‥‥‥‥‥96
  第五节 点枪‥‥‥‥‥‥‥‥‥‥‥‥‥‥‥99

目录 CONTENTS

　　第六节　崩枪……………………………101
　　第七节　穿枪……………………………102
　　第八节　舞花枪…………………………104
第十章　枪术初级套路
　　第一节　预备动作………………………110
　　第二节　第一段…………………………112
　　第三节　第二段…………………………118
　　第四节　第三段…………………………127
　　第五节　第四段…………………………136
　　第六节　收势……………………………145
第十一章　枪术比赛规则
　　第一节　程序……………………………148
　　第二节　裁判……………………………148

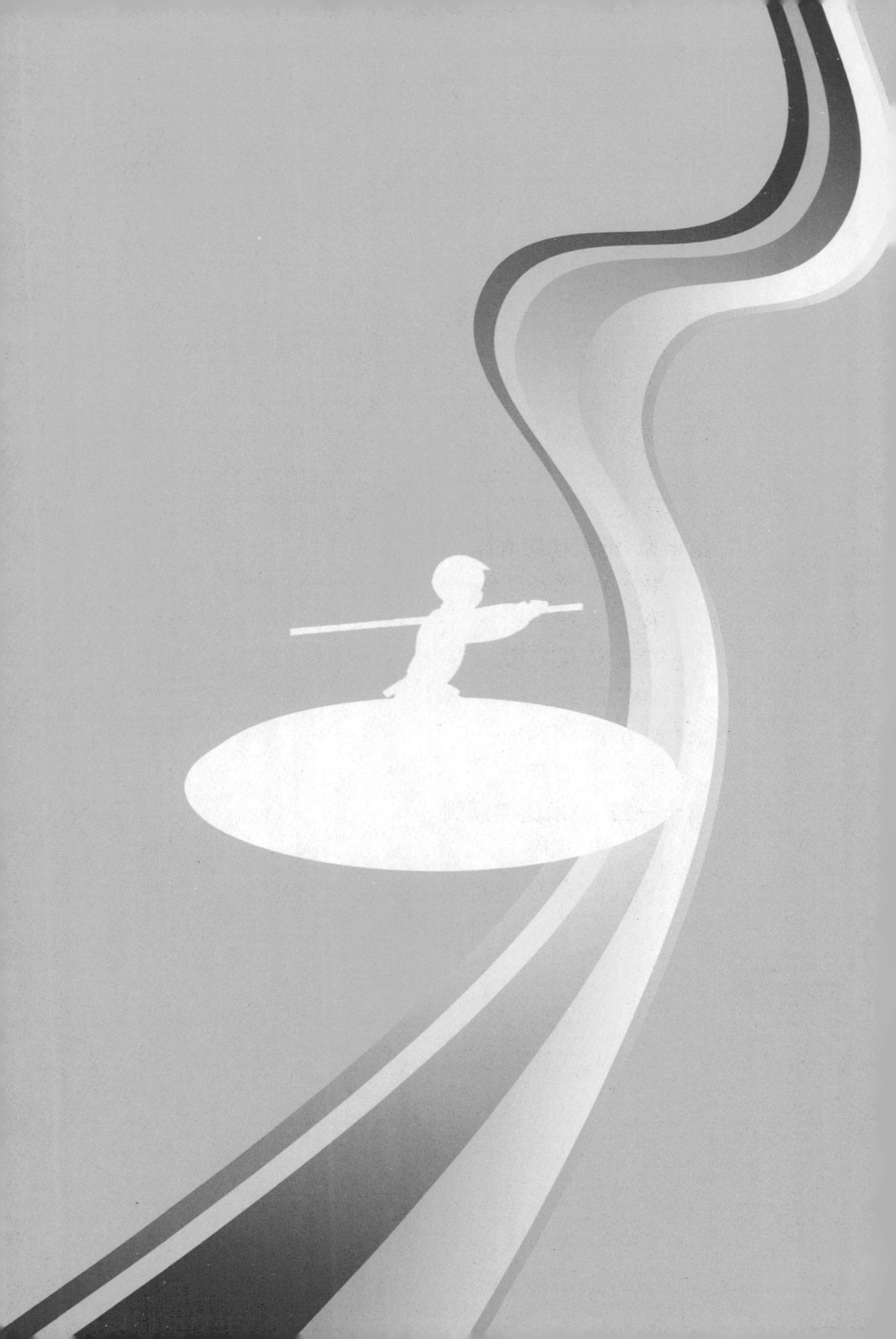

第一章 运动保护

"生命在于运动",但是盲目、不科学的运动非但不能起到强身健体的作用,反而会给身体带来一定的伤害。只有掌握体育锻炼的一般性生理卫生知识,科学地进行体育锻炼,才能起到强身健体、防病治病的作用。

第一节 生理卫生

青少年在进行体育运动时，除了应进行一般性的身体检查和必要的咨询外，还要注意培养运动兴趣和把握适当的运动强度。

一、培养运动兴趣

在进行运动前，首先必须培养自己对体育运动的兴趣。培养兴趣的方法有很多，如观看体育比赛，与同学、朋友进行体育比赛等。有了浓厚的兴趣，就能自觉地投入到体育运动之中，从而达到理想的锻炼效果。

二、把握运动强度

青少年进行体育运动，主要是在享受运动的过程中增强体质，提高健康水平，而不是为了创造运动成绩，所以运动强度不宜过大。控制运动强度最简单的办法是测定运动时的脉搏。一般对青少年来说，运动时的脉搏控制在每分钟140次左右较为合适。

第二节 运动前准备

运动前进行充分的准备活动，对于青少年来说是非常重要的。一些体育运动爱好者，常常不重视运动前的准备活动，从而导致各种运动损伤，影响运动效果，也容易失去对体育运动的兴趣，甚至产生对体育运动的畏惧心理。因此，青少年在进行体育运动前，必须做好充分的准备活动。

一、准备活动的作用

运动前做好充分的准备活动能够对肌肉、内脏器官有很大的保护作用，同时还可以提前调节运动时的心理状态。

（一）提高肌肉温度，预防运动损伤

运动前进行一定强度的准备活动，不仅可以使肌肉内的代谢过程加强，温度增高，黏滞性下降，提高肌肉的收缩和舒张速度，增强肌力，同时还可以增加肌肉、韧带的弹性和伸展性，减少由于肌肉剧烈收缩而造成的运动损伤。

（二）提高内脏器官的功能水平

内脏器官的功能特点之一就是生理惰性较大，即当活动开始、肌肉发挥最大功能水平时，内脏器官并不能立刻进入

最佳活动状态。

(三)调节心理状态

青少年进行体育锻炼不仅是身体活动，而且也是心理活动。研究证明，心理活动在体育锻炼中起着非常重要的作用。体育锻炼前的准备活动，可以起到心理调节的作用，即接通各运动中枢间的神经联系，使大脑皮层处于最佳兴奋状态。

二、如何进行准备活动

一般来说，准备活动主要应考虑内容、时间和运动量等问题。

(一)内容

准备活动可分为一般准备活动和专项准备活动。一般准备活动主要是一些全身性的身体练习，如跑步、踢腿、弯腰等。一般准备活动的作用在于提高整体的代谢水平和大脑皮层的兴奋状态，减少运动损伤的发生。专项准备活动是指与所从事的体育锻炼内容相适应的动作练习。

下面介绍一套一般准备活动操，供青少年运动前使用。这套活动操主要包括头部运动、肩部运动、扩胸运动、体侧运动、体转运动、髋部运动和踢腿运动等。

1. 头部运动

头部运动的动作方法(见图1-2-1)是:

两手叉腰,两脚左右开立,做头部向前、向后、向左、向右以及绕环运动。

2. 肩部运动

肩部运动的动作方法(见图1-2-2)是:

手扶肩部,屈臂向前、向后绕环以及直臂绕环。

3. 扩胸运动

扩胸运动的动作方法(见图1-2-3)是:

屈臂向后振动及直臂向后振动。

4. 体侧运动

体侧运动的动作方法(见图1-2-4)是:

两脚左右开立,一手叉腰,另一臂上举并随上体侧屈而摆动。

5. 体转运动

体转运动的动作方法(见图1-2-5)是:

两脚左右开立,两臂前屈,身体向左、向右有节奏地扭转。

6. 髋部运动

髋部运动的动作方法(见图1-2-6)是:

两脚左右开立,两手叉腰,髋关节放松,向左、向右各做360°旋转。

7. 踢腿运动

踢腿运动的动作方法(见图1-2-7)是:

两臂上举后振,同时一腿向后半步,然后两臂下摆后振,同时向前上方踢腿。

棍术枪术

图 1-2-1

图 1-2-2

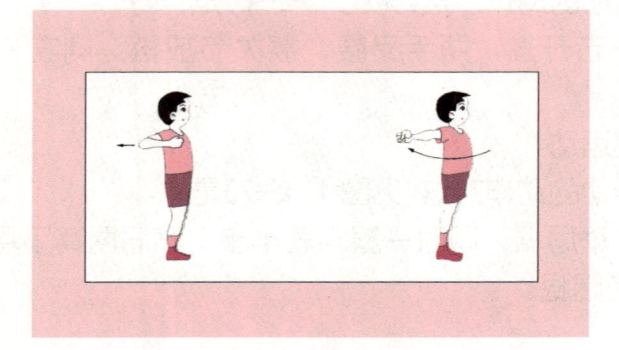

图 1-2-3

YUNDONG BAOHU 运动保护

图 1-2-4

图 1-2-5

图 1-2-6

007

图 1-2-7

(二)时间和运动量

　　准备活动的时间和运动量随体育锻炼的内容和量而定,由于以健身为目的的体育运动量较小,所以准备活动的量也相对较小,时间也不宜过长,否则,还未进行体育锻炼身体就疲劳了。半小时的体育锻炼,准备活动时间一般以 10 分钟左右为宜。

第三节 运动后放松

　　进行剧烈的体育运动后,有些青少年习惯坐在地上,或是直接躺下来休息,认为这样可以快速消除疲劳。其实不然,这样做的结果不仅不能尽快地恢复身体功能,反而会对身体产生不良影响,正确的做法应该是运动后做一些整理活动,放松身体。

一、运动后整理活动的必要性

运动后的整理活动不但可以避免头晕等症状，还可以有效地消除疲劳。

（一）避免头晕

在进行棍术运动时，心血管功能活动加强，骨骼肌等外周毛细血管开放，骨骼肌血流量增加，以适应身体功能的需要。而运动时骨骼肌的节律性收缩，又可以对血管产生挤压作用，促进静脉血回流。

人体在停止运动后，如果停下来不动，或是坐下来休息，静脉血管失去了骨骼肌的节律性收缩，血液会由于受重力作用滞留在下肢静脉血管中，导致回心血量减少，心血输出量下降，造成暂时性脑缺血，出现头晕、眼前发黑等一系列症状，严重者甚至会出现休克。为了避免这些症状的发生，整理活动是非常必要的。

（二）消除疲劳

除了避免头晕等症状的发生，运动后的整理活动还可以改善血液循环状态，达到快速消除疲劳的目的。

二、放松方法

在运动后放松时，应注意以下几个问题：

（1）做一些放松跑、放松走等形式的下肢运动，促进下肢静脉血的回流，防止体育锻炼后心血输出量的过度下降；

（2）在下肢活动后进行上肢整理活动，右臂活动后做左臂的整理活动，通过这种积极性休息，使身体功能得到尽快恢复；

（3）整理活动的量不要过大，否则整理活动又会引起新的疲劳；

（4）在进行整理活动时，应当保持心情舒畅、精神愉快的感觉。

第四节 恢复养护

人体在运动后，除采用休息和积极性体育手段加速身体功能的恢复外，还可以根据体育运动的特点，补充不同的营养物质，以尽快消除疲劳。

体育运动结束后，人体内会产生一种叫做乳酸的酸性物质，它的积累会造成机体的疲劳，使恢复时间延长。所以，我们在体育运动后，应多补充一些碱性食物，如蔬菜、水果等，而动物性蛋白等肉类食品偏"酸"，在运动后的当天可适当减少。

第二章 棍术概述

棍被誉为百兵之先,是中华武术中最常见的一种长器械。长期以来,由于棍术器材制作比较方便,又无利刃,所以棍术成为人们健身、防身的良好手段,在民间十分普及,深为广大青少年所喜爱。目前,棍术已经成为国内外武术比赛的主要项目之一。

第一节 起源与发展

棍术是中华传统武术的一种,它招式干练、套路明朗,自古就受到广大习武者的青睐。

一、起源

早在远古时代,人类生活在危机四伏的大自然中,他们从无意识地在地上捡一根树枝、木棍,到有意识地选择制作一根棍来进行自我防御。同时,每逢闲暇或在庆典、祭祀场合,人们还聚到一起蹦蹦跳跳,拿着棍子舞弄一番。这些行为在当时虽谈不上是棍术,但已具备棍术的雏形。

随着社会不断发展,先辈对棍的认识不断升华,制棍的方法也不断发展、提高,棍术逐渐形成。

"十三棍僧救唐王"的故事,说明唐代时棍术已在寺庙中传习。宋代,社会中出现了以练习棍术为目的的民间团体。到了明代,拳家林立,棍术发展到一个很高的水平,形成许多不同的棍术流派,并有了棍术的图谱记载和论著,其中,著名的少林棍、青田棍等流传至今。

二、发展

随着历史的发展,曾在战场上发挥过重要作用的棍术慢慢"退役"了,但它并未"退休",不过在功能方面发生了变化,在强身健体方面派上了好用场,摇身变成人民群众所喜爱的体育运动项目,也成为一项武术比赛的正式项目。

新中国成立后,国家体育局把棍术作为体育运动项目之一,在继承传统的基础上,汇总统一了棍术内容和技术规范,编制了棍术比赛的套路,或按照规则将棍法编成自选套路。此外,有一些传统的棍术仍在民间传播。

在1987年的亚洲武术锦标赛和1990年第11届亚运会上,棍术均被列为武术比赛项目之一。此后,棍术在国际舞台上得到更广泛的推广。

第二节 特点与价值

棍术是中国传统武术的一种,它在武术动作上兼容各家之长,灵活多变,具有独特的健身价值和文化价值。

一、特点

(一)使用方便

棍术在日常练习中没有特定的长度,长短可以量身定做,只要舞动顺手、使用方便即可。

(二)技术灵活,变化多样

棍法以扫、点、劈、崩、抡、挂、戳、撩、拨为主,再配以长短不同的棍,在练习或者防身时技术方法颇多,各种棍法兼容,技术变化也比较多。

二、价值

(一)娱乐价值

棍术以其变化多样的棍法和眼花缭乱的旋转,给人以一种精神上的享受。无论是练习还是观看,它都是一种很好的娱乐方式。

(二)健身价值

棍术作为一种体育运动,可以使练习者增强体质。而且,棍术对年龄限制非常小,可以帮助青少年培养终身锻炼的良好习惯。

(三)防身价值

棍术作为一种武术,具有很高的防身价值。青少年在遇到坏人袭击时,可以借助木棍来达到防身的目的。

(四)文化价值

武术是中华民族文化的瑰宝,棍术作为武术的一种,自然蕴含着丰富的文化价值。青少年可将练习棍术作为继承中华优秀传统文化的一种方式,还能借此增强自己的民族自豪感。

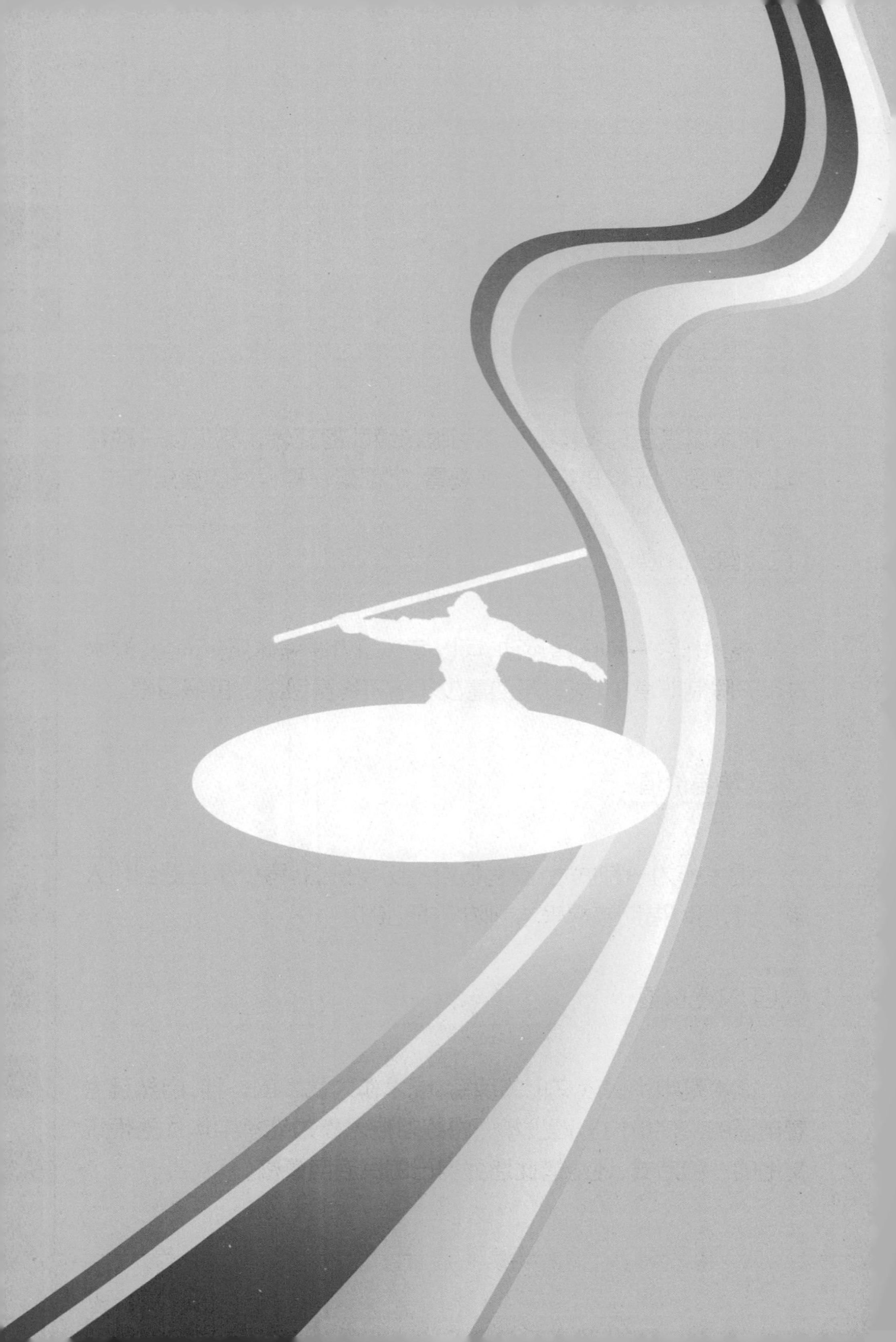

第三章 棍术场地、器材和装备

　　棍术运动的动作形式多样，内容丰富，具有很强的观赏性和艺术性，对场地、器材和装备都有较高的要求。高质量的场地是棍术运动开展的前提，而良好的器材和装备是运动参与者较高水平发挥的必要保障。

第一节 场地

初学者可以在平整的空地上进行棍术练习。但是,高水平的棍术运动最好在正规的武术场馆进行,以减少不必要的运动损伤。

一、规格

(1)个人项目场地长14米、宽8米,周围至少应有2米宽的安全区;

(2)集体项目场地长16米、宽14米,周围至少应有1米宽的安全区。

二、设施

(1)场地四周内沿应标示5厘米宽的白色边线;
(2)场地的地面空间高度不少于8米;
(3)两个比赛场地之间的距离为6米以上;
(4)根据实际情况比赛场地应高出地面50~60厘米;
(5)场地灯光的垂直照度和水平照度在规定范围之内;
(6)室内场地通风设施应完备,使空气流动均匀。

三、要求

(一)室内

(1)天花板不能太低,否则容易在使用撩等棍法时碰到,而且会使动作受到限制,场地设备遭到损坏,人身安全也会受到威胁;

(2)场地四周应有 5 米以上的无障碍物的安全区,以免练习过程中发生事故。

(二)室外

除了要注意室内练习应注意的事项外,还要注意地面是否平整,有无砖头、瓦块、石子等,以防腿脚受伤。

第二节 器材

棍术比赛的主要器材是棍。棍看似平常，但它在规格和质地方面却有着严格的要求。

一、规格

（1）棍梢指棍的细小一端，自梢端起约10～15厘米；
（2）棍把指棍的粗大一端，自把端起约15～20厘米；
（3）棍身指棍梢与棍把之间部分，通常分为后段、中段和前段（见图3-2-1）。

图3-2-1

二、材质

一般采用软而结实的木质杆，目前使用的大多是白蜡杆做成的棍。

三、要求

木棍经过剥皮、火烤、盐水煮、抛光等多道工序精心加工而成。制成后耐干、耐湿，通体洁白如玉，坚而不硬、柔而不折。

第三节 装备

棍术是传统武术的一种，其动作起伏和转体幅度较大，对装备有一定的要求。

一、服装

(一)款式(见图 3-3-1)

(1)女子为中式半开门小褂(长袖或短袖自定)，5 对中式直袢；
(2)男子为中式对襟小褂(长袖或短袖自定)，7 对中式直袢；
(3)灯笼袖，袖口处加两对中式直袢；
(4)扎软腰巾，中式裤、西式腰，襟和立裆要适宜。

图 3-3-1

(二)材质

服装舒适即可,原料可自由选择,但一般有以下原则:
(1)如果棍法沉着,步法稳健,选用平绒面料效果比较好;
(2)如果棍法潇洒,犹如飞凤,选择双绉或绸缎的面料较好。

二、鞋

比赛和表演中常见的是以羊皮或帆布制面、软胶制底、鞋帮饰有花式云头的武术表演专用鞋,这种鞋既舒服又美观(见图3-3-2)。

图 3-3-2

第四章 棍术基本技术

棍术的基本技术是棍术练习的入门技术,是各种套路动作的基础。只有熟练掌握了基本技术,才能在套路表演中挥洒自如,游刃有余。基本技术包括握棍基本方法和基本棍法等。

第一节 握棍基本方法

棍术的技法有很多,最基本的包括基本握法和基本持棍法等。

一、基本握法

基本握法有如下几种(见图4-1-1):

(1)双手握在棍身后段,虎口均朝棍梢一端,称为"正握";

(2)有的棍法要求腕部灵活运转,除虎口处的拇指与食指握棍外,其余三指均松开,称为"钳把握棍";

(3)手臂伸直,拇指抵棍,其余四指紧握,为"螺把";

(4)为变换棍法和棍的着力点,握把时五指呈管状松紧,以便顺棍身滑动,称为"滑把";

(5)两手握棍使棍法变换,前后位置和虎口方向也常有变化,称为"换把";

(6)两手虎口相对,称为"对手握法";

(7)两臂交叉相叠,称为"交叉握法"。

正握

钳把握棍

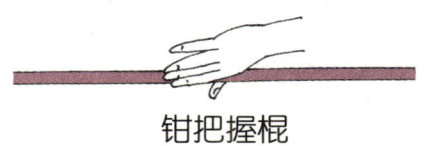

螺把

对手握法

交叉握法

图 4-1-1

二、基本持棍法

在进行各种棍法动作或在一组棍术动作中的开始和结束时，均有一定的持棍方法，构成各种预备势、定势或收势。基本持棍法包括持棍、抱棍、举棍、背棍、夹棍和托棍等。

（一）持棍

持棍的动作方法（见图 4-1-2）是：
（1）两脚前后分开站立，两手满把正握，左手在前，握于棍身中部，臂略屈，右手在后，握于棍把，屈肘贴近腰侧；
（2）也可单手持棍于体侧。

图 4-1-2

（二）抱棍

抱棍的动作方法（见图 4-1-3）是：
两脚并立，两手满把正握，棍身直举在体前或体侧。

图 4-1-3

（三）举棍

举棍的动作方法（见图 4-1-4）是：
（1）并立站立，两手正握于棍身中后段，右手在上，螺把握于棍中段，臂伸直或略屈，左手满把屈臂于右腋前，棍直立于身体右侧；
（2）两手满把握于棍身后段，双臂举起于头后上方，棍斜朝后上方，为后举棍。

图 4-1-4

(四)背棍

背棍的动作方法(见图 4-1-5)是:

(1)一手或两手握棍身后段,将棍置于肩上,两臂屈肘平抱,将棍身按于肩上,不得摇摆,为肩上背棍;

(2)一手螺把握于棍身后段,将棍斜背于身后,棍身紧贴背部,不得摇摆,为背后背棍。

图 4-1-5

(五)夹棍

夹棍的动作方法(见图 4-1-6)是：

两手握棍,一手在前,另一手屈肘于腋窝前,将棍身夹于腋下,棍端不得摇摆。

图 4-1-6

(六)托棍

托棍的动作方法(见图 4-1-7)是:
一手握棍,另一手向上平托,高与胸平。

图 4-1-7

第二节 基本棍法

棍法是棍的各种技击方法的总称，是棍术的核心。棍法与步形、步法、手形、手法、脚法、跳跃、平衡等身体动作结合，构成了棍术动作；棍术动作的有机组合与连接，构成了生动活泼、变化万千的棍术套路。因此，基本棍法是棍术的重要基础，包括劈棍等26种。

一、劈棍

劈棍属于远距离攻击方法，常用来劈击对方的头、肩等部位，也可用来劈击对方的前臂，击落其手中器械。

1. 动作方法（见图4-2-1）

（1）两脚并步站立，两手满把正握，右手握于棍身中后段，左手握于棍把处，将棍直举于身体右侧，目视左前方；

（2）左脚向右跨出一大步，身体左转90°，同时两手用力将棍由上向前、向下直劈，力达棍身前段和棍梢。

2. 注意事项

（1）下劈要快速有力，把要握紧，但不要耸肩；

（2）右手可随下劈动作略向下滑把，使两臂略屈，上下须配合协调，步略先于棍到位；

（3）开始练习时可以不用全力，注意肩、臂动作，逐渐加力。

图 4-2-1

二、摔棍

摔棍属于远距离攻击方法,常用来劈击对方头部、肩部以及前臂。

1. 动作方法(见图 4-2-2)

(1)两脚直立,两手满把正握,右手握于棍把处,举棍于头后上方;

(2)左脚向正前方上步,右腿屈膝全蹲,左腿平铺地面,呈左仆步,同时两手握棍用力,使棍由上向前、向下直劈,摔击于地面,目视棍身前端。

2. 注意事项

(1)摔击地面时,左手松握,以掌心按压棍身,使棍身平击地

面；

（2）下蹲与摔棍要协同，可以先练习两腿原地全蹲，同时摔棍；

（3）先练习轻摔，强调平落，落棍时注意正直，动作结束及时检查落棍是否靠近前脚尖处；

（4）可以交换两手把位，即右手在上，上右步呈右仆步摔棍，左右交替进行，熟练后，可以原地蹬地而起，回身右转（左转）180°，左右连续劈摔棍。

图 4-2-2

三、抡棍

抡棍属于远距离进攻法，常在横击对方肋部、腰部时使用。

1. 动作方法（见图 4-2-3）

（1）两手紧靠，满把正握于棍身后段，将棍平背于右肩上，重心偏右脚，呈右弓步；

（2）两手用力使棍由右经体前向左平抡，背棍于左肩，呈左弓步。

2. 注意事项

（1）把长要适宜，留把太少，会平抡无力，留把太多，棍把易触碰胸部，可在抡棍前轻轻来回试抡一次，确定握棍部位；

（2）平抡时两手注意旋腕，抡棍要平，力达棍身前端，配合腰腿力量，呼呼生风；

（3）要结合左右弓步的变化，左右平抡，可先做慢动作，注意腕的旋翻，逐步加速加力。

图 4-2-3

四、抡云棍

抡云棍常在连续进攻时使用，抡为攻，云为防，攻中有防，便于连续进攻。

1. 动作方法（见图 4-2-4）

（1）两手紧靠，满把正握于棍身后段，将棍平背于右肩上，重心

偏右脚,呈右弓步;

(2)两手用力使棍由右侧经体前向左平抡,至左前方后动作不停,棍身继续经头上做绕圆运动;

(3)动作不停,棍由体右侧继续向左平抡,平背于左肩上。

2.注意事项

(1)平抡与云棍要连贯,要能抡出二次平抡的声响;

(2)注意转身时机,应先抡棍再跨步转身;

(3)按照动作要求左右反复进行,熟练后,在云棍时结合转身跳进行,左右反复,呈棍打一片之势。

图 4-2-4

五、单手抡云棍

单手抡云棍与"抡云棍"基本相同,常在防守时使用。

1. 动作方法(见图 4-2-5)

(1)双手满把正握棍身后段,平背于左肩,左弓步;

(2)两手用力由左向右平抡,左手松开;

(3)上动不停,右手顺势旋腕,仰身使棍在头上平绕一周;

(4)右手继续旋腕,将棍斜背于肩上,呈右弓步,左掌向前推手,目视左前方。

2. 注意事项

(1)由平抡到云棍、背棍,须一气呵成,动作要干净利落;

(2)练习时先轻轻抡棍,着重掌握正握和背棍;

(3)云棍不能太高,仰身云棍一时难掌握,可先做侧身云棍;

(4)反复练习单手抡云棍的完整动作。

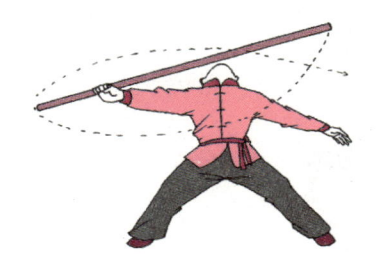

图 4-2-5

六、扫棍

扫棍属于远距离攻击法,常用来横击腿部、踝部。

1. 动作方法(见图 4-2-6)

(1)预备姿势同抡棍,呈左弓步平背棍;

(2)两手用力使棍由左向右下方平扫。

2. 注意事项

(1)向下平扫时要配合腰力,快速有力,力达棍身前段,尽量注意棍梢触地或贴近地面;

(2)扫棍要平,可伴随下蹲转体下扫 3/4 周或一周;

(3)结合云抡棍,即云抡一周,下扫一周,向左或向右连续进行。

图 4-2-6

七、撩棍

撩棍属于远距离攻击法,常用来向前下击打对方膝部或裆部。

1.动作方法(见图 4-2-7)

(1)两手满把正握直立,举棍于体右上方,同劈棍动作;

(2)左脚向左前方迈出一步,呈左弓步,同时两手使棍由后向下,经体右侧向前撩击,力达棍身前段。

2.注意事项

(1)棍身须靠近体侧,撩出时要有力,右手可略随撩出向后滑把;

（2）注意屈肘将棍略高于地面，以免碰地；

（3）直举棍于体左上方（左手在上），出右步为左撩棍，两手换把交替左右撩棍，行进间进行。

图 4-2-7

八、点棍

点棍属于远距离攻击法，常用来点击对方腕部。

1. 动作方法（见图 4-2-8）

（1）预备姿势同劈棍动作（1）；

（2）左脚向左横出一步，两手握棍经体前上方向左侧点击至地面，右手滑把至左手处，同时左手倒把，力达棍梢；

（3）左脚向右倒插一步，同时两手握棍经体前向上、向右、向下点棍；

（4）左脚收回原位，右脚向左倒插一步，两手握棍向体左侧点棍。

2. 注意事项

(1) 点棍要轻快敏捷,前手要适当滑把;

(2) 注意两手合力,以前臂和手腕用力为主,用上臂和肩带动力量,下点时要加速;

(3) 直立,左(右)侧上举棍,出左(右)脚向左(右)点棍,多进行单个动作练习;

(4) 配合左、右倒插步来回向左、右点棍,反复进行,熟练后步法可以进退随意,边走边打,左右兼施。

图 4-2-8

九、崩棍

崩棍属于有攻有防的方法,常用来由下向上崩击对方手腕,或崩击棍身上方的器械。

1. 动作方法(见图4-2-9)

(1)预备姿势可做仆步摔棍;

(2)身体起立,右手握棍,略屈臂置于左胸前,使棍身斜向下;

(3)重心右移呈右横裆步,同时右手握棍把,用力下按于腹前,左手滑把至棍身中段时突然握紧,两手合力使棍身前段由下向上崩起,棍身颤动,目视棍梢。

2. 注意事项

(1)注意两手最后动作的配合,用一种短促的爆发力,要有制动感;

(2)可先开步站立,棍身斜向下,体会崩棍用力方法;

(3)两手持棍于水平,着重体会两手配合的短劲,注意由松而紧。

图 4-2-9

十、戳棍

戳棍属于短距离攻击法,常用来攻击对方胸、腹、肋部。

1. 动作方法(见图 4-2-10)

(1)预备姿势可呈并步站立,双手握棍,右手握于近棍身后段,左手握于近棍身前段,将棍平持于胸前;

(2)右脚向右前方跨一步,呈右弓步,同时两手用力使棍向右前方直戳,力点达棍把端。

2. 注意事项

(1)用力短促准确,直进直出,步到棍到;

(2)先做慢动作,注意棍的运行路线,然后逐渐加速;

(3)避免棍身远离身体,避免棍戳出时左右摇晃、力点不准;

(4)向右戳棍后,后转身呈左弓步,迅速向左戳棍,用力达棍梢,左右连续进行。

图 4-2-10

十一、挑棍

挑棍属于近距离攻击法,常以棍把挑击,下可挑裆,上可挑击下颌。

1. 动作方法(见图 4-2-11)

(1)两脚略呈前后分开站立,对手满把握棍,棍身斜于右后方,棍把朝下;

(2)左脚向前上一步呈左弓步,同时两手使棍把由后经体侧向前、向上挑击,力达棍把。

2. 注意事项

(1)注意两手用合力,一上一下,加速用力;

(2)上挑时须前手略滑把后再满把紧握,以增加攻击长度;

(3)先做慢动作,注意棍的运行,不要让棍身远离身体;

(4)无论是上右步右挑把,还是上左步左挑梢,都要连续进行。

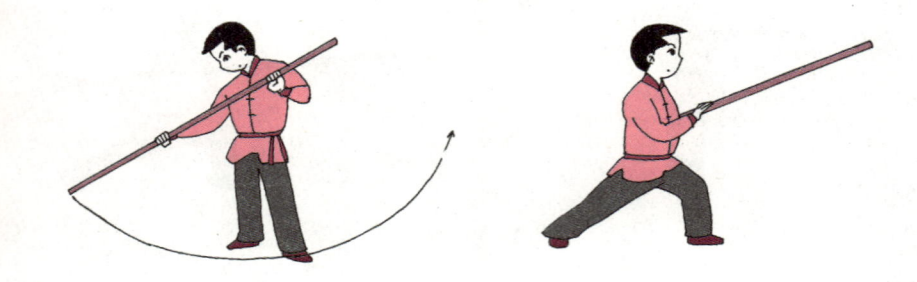

图 4-2-11

十二、盖棍

盖棍属于近距离攻击法,常以棍把(有时也可用棍梢)击打对方头、肩、颈等部位,或由上而下击落其器械。

1. 动作方法(见图 4-2-12)

(1)预备姿势可与挑棍相同,也可呈倒插步,即两手对手握棍,右手持棍身中段,左手持棍身前段,棍斜于身体右侧,棍把朝下;

(2)左脚上一步呈左弓步,同时两手使棍把一端由后向上、向前、向下劈盖。

2. 注意事项

(1)下盖动作要快速有力,前手可略滑把以增加攻击长度,力

达棍身后段和棍把,可触及地面;

(2)盖棍一端不能太短,盖棍要从上而下,强调由上而下的弧线,可假设在中近距离盖打对方脑门;

(3)先进行单个动作练习,同时也要进行左、右两侧单个动作练习。

图 4-2-12

十三、横击棍

横击棍属于近距离攻击法,常以棍把击打对方耳部、肋部。

1. 动作方法(见图 4-2-13)

(1)预备姿势同挑棍,对手握棍;

(2)右脚向前跨一大步,呈右弓步,同时两手使棍把由后斜向上、向左横打,力达棍把。

2. 注意事项

（1）横击前，右手略向斜下方抽棍，左手略向前滑把，横击时，右手略向后滑把，然后握紧，以加长攻击距离；

（2）练习时从左、右两侧进行横击把练习；

（3）棍的路线要走横的弧线，不能与挑棍或盖棍混淆；

（4）握把不能太死，攻击距离不能太短；

（5）棍把要绕水平（齐腰）运行。

图4-2-13

十四、绞棍

绞棍属于近距离防御法，常在绞缠对方器械和接近对方进行反击时使用，常与戳棍、盖棍、挑棍等衔接。

1. 动作方法（见图4-2-14）

（1）预备姿势呈半弓步或弓步，满把对手握棍于棍身中段，左手近棍身前段，右手近棍身后段；

（2）外绞棍依顺时针方向绞圆；

（3）里绞棍依逆时针方向绞圆。

2. 注意事项

（1）棍身中段要靠紧身体，绞棍时以一端为主，另一端协同，腰与两手协同配合；

（2）绞圆不宜太大，直径在30厘米左右；

（3）在做里、外绞棍时，动作要由慢而快逐步加速，注意柔中有刚；

（4）要结合盖棍、挑棍、戳棍进行练习。

图4-2-14

十五、云棍

云棍属于防御性棍法,常在防对方由上而下的劈、盖进攻时使用,常与拨棍连接,形成云拨棍。

1. 动作方法(见图 4-2-15)

(1)两脚分开站立,两手分开正握于棍身中段,将棍置于右腋下,右手近前段,左手近后段,屈肘于右腋下;

(2)以右手为主,使棍梢端由右向左、向后于头上方平绕,左手变钳把握棍,向同方向平绕;

(3)上动不停,棍梢继续由后向右、向左平绕,棍把顺同方向平绕;

(4)棍梢绕至体左前方,右手握棍于左腋下。

2. 注意事项

(1)棍在头顶上方呈平圆舞动,动作要快速连贯;

(2)可先做徒手两臂交叉练习;

(3)上步转身跳时,在腾起时完成云棍动作。

图 4-2-15

十六、拨棍

拨棍属于远距离防御性方法，常以棍前端向两边拨开对方直线进攻的器械，改变其进击路线。

1. 动作方法（图 4-2-16）

（1）预备姿势同云棍，左手满把握棍于右腋下，右手螺把握棍于棍身中段，手心朝下；

（2）以右手为主，使棍前端由前向右平移，力达棍身前段；

（3）左手在前、右手在左腋下时，通常向左平移，为左拨棍。

2. 注意事项

（1）用力轻快平稳，顺对方击来器械贴近时外拨，幅度不宜太大；

（2）左右交替练习，可做左右下拨棍练习，也可做转身拨棍练习；

(3)用力不能过猛,幅度不宜太大,不要与格击对方来器动作相混;

(4)多做有对手配合的拨棍练习和必须贴近的瞬间拨棍。

图 4-2-16

十七、格棍

格棍属于防御性棍法,常以棍把或棍前端横击对方横来器械,迫其改变方向。

1.动作方法(见图 4-2-17)

(1)两脚前后分开站立,两手分开,正握持棍于身体前方,右手握棍持于右腰侧;

(2)以前手为主,迅速向左或向右平移,前手心朝里,为左右上

格棍；

（3）迅速提左膝，右手向前滑把，使棍把由右向左在体前下方横击；

（4）左脚向后落步，右侧腿提膝，同时右手和左手向棍把方向滑把，以棍身前段自左向右下方横击。

2.注意事项

（1）动作要快速有力，棍与击来器械垂直；

（2）前手手臂不能太直，格棍要充分发力；

（3）手心要朝里，形同拨棍。

图 4-2-17

十八、挂棍

挂棍属于防御性棍法,常用来防击对方的器械。

1. 动作方法(见图 4-2-18)

(1)预备姿势同格棍;

(2)左脚回收半步,虚点地面,同时两手握棍,使棍梢端由前向下、向后回收于左小腿外侧,右臂屈置于右胸前;

(3)左脚后撤一步,右脚回收半步虚点地面,同时棍把由前向下、向右后方下挂于右小腿外侧,左手握棍屈于左胸前。

2. 注意事项

(1)棍的运行必须由前向侧后下方或侧后上方,以便截住对方刺、扫、砍、抡等棍法的进攻;

(2)棍要贴身,快速有力,动作路线要由前向后,不能搞错顺序;

(3)练习时两手分握于棍身中段的两端,或连续下挂棍,挂棍动作离身不能太远。

图 4-2-18

十九、架棍

架棍属于防御性方法，常以棍身架挡对方由上而下劈来的器械。

1. 动作方法（见图4-2-19）

（1）预备姿势同格棍；

（2）左脚向前上半步，同时左手向棍梢一端滑把，两手将棍向头前上方举架。

2. 注意事项

（1）滑把与上举同时进行，动作要干脆，上架要快速有力；

（2）练习时可结合回身上架、左右横档步上架；

（3）两手距离不能太宽或太窄，要适中；

（4）棍身上举要高过头。

图4-2-19

二十、推棍

推棍属于近距离进攻性动作,常以棍身推撞对方躯干部位。

1. 动作方法(见图 4-2-20)

(1)预备姿势同格棍;

(2)左脚向前跨一大步,两手握棍以棍身向前推击,使棍斜于体前,也可呈水平横推。

2. 注意事项

(1)推棍要伴同身体重心前移,两手同时用力;

(2)身体步法要跟上,与推棍用力要始终一致。

图 4-2-20

二十一、双手舞花棍

双手舞花棍属于防御性动作,常在遭受多方位攻击或对方抛出器械打来时使用,是套路中重要的连接动作。

1. 动作方法(见图 4-2-21)

(1)两手正握于棍身中段(偏于棍把一端),两脚前后分开站立;

(2)左手松握,右手向右、后下抽棍,并由后向上、向前立圆绕行劈把,左手随棍身转动呈钳把握棍,棍梢伴同由上向前、向下、向右后方绕行;

(3)上动不停,身体左转,重心落于两脚中间,两手继续使棍把由前向下立圆绕行,下挂于左腿侧,两臂自然交叉;

(4)上动不停,两手继续使棍把由下向上、向前立圆绕行,左手自然转腕使棍身贴于掌心;

(5)上动不停,左手握棍使棍梢向上、向前立圆绕行劈棍;

(6)上动不停,重心前移,两手使棍梢一端继续向右腿外侧下挂,两臂自然交叉,右手呈钳把握棍;

(7)两手继续使棍梢一端向后、向上、向前立圆绕行,还原为动作(1)。

2. 注意事项

(1)棍梢、棍把始终伴同在相反位置上立圆绕行;

(2)棍把前劈后下挂于体左侧,棍梢前劈下挂于身体右侧,一手前劈下挂,另一手为钳把;

(3)下挂时尽量靠近腿侧,前劈则面向前方中正位置;

(4)握把不要太死,动作要连贯,逐步加快速度,连续舞花;

(5)结合上步、退步,连续在行进间舞花。

图 4-2-21

二十二、单手舞花棍

单手舞花棍属于防御性动作,常在遭受多方位攻击或对方抛出器械打来时使用。

1. 动作方法(见图 4-2-22)

(1) 两脚前后分开站立,右手正手握棍于棍身中后段,使棍立于身前,棍梢端朝上;

(2) 转腕使棍梢端向前、向下,经体右侧转动一周半,棍身斜于右腋下;

(3) 上动不停,以棍把向左下挂,钳把握棍,身体伴同向左转;

(4) 上动不停,继续使棍梢顺势绕行一周,直至恢复动作(1)的位置。

2. 注意事项

（1）握棍部位要使两头运转相当，夹于腋下时转体加速；

（2）立圆要直，下挂尽量靠腿侧，要连续进行，逐步加快；

（3）左、右手体前换把和体后换把时，要连续舞花；

（4）换把时机要准，避免棍梢、把转动混乱，注意及时调整，由慢而快，逐步熟练。

图 4-2-22

二十三、提撩舞花棍

提撩舞花棍属于远距离攻击性动作，常用来对付两个以上对手，可边守边攻，乱中取胜。

1. 动作方法（见图 4-2-23）

（1）两脚前后分开站立，两手正握于棍身后段，棍梢端朝上；

（2）两手屈肘用力，使棍梢端由上向后、向体右侧下方立圆绕行；

（3）两手握棍顺势旋腕上提，使棍梢端继续向前、向上撩起，棍把随之移至头的左侧；

（4）上动不停，两手旋腕，使棍梢端顺势在体左侧绕行一周，向前撩起，棍把随之移至头的右侧。

2.注意事项

（1）握棍部位要恰当，棍在体侧呈立圆运行，提撩时用力，做其他动作时应旋腕柔和，随其惯性；

（2）动作要连贯、中速进行，体会要点；

（3）动作由慢到快，逐步在向前提撩时加力；

（4）棍离身体不能太远，棍梢向后下落时注意贴近脚踝外侧；

（5）在原地熟练后，结合上步或退步行进间练习。

图 4-2-23

二十四、穿棍（穿梭棍）

穿棍（穿梭棍）属于过渡性棍法，常在攻击或防御中变换把位时使用，包括穿腰棍、穿喉棍和背后穿棍。

1. 动作方法

（1）两手反握于棍梢（虎口朝棍把），两脚前后分开站立或呈左弓步；

（2）左手松握滑把，右手贴身前向右腰侧抽棍，身体伴同右转呈右弓步，称为穿腰棍（见图4-2-24）；

（3）若右手沿脖颈锁骨前向右穿棍称为穿喉棍（见图4-2-25），穿喉时右手须在抽棍时变把为虎口，朝棍梢端穿出；

（4）若右手握于棍把端变握把，沿逆时针方向旋腕伸臂，将棍身过头，斜背于身背后，左手松握滑把，右手向左、向前用力，棍即由背后向前穿出，称为背后穿棍（见图4-2-26）。

2. 注意事项

（1）穿棍时要流畅自如，一手抽棍或前送时，另一手注意松活，便于滑把；

（2）穿棍要贴身、流畅，注意用力不能过大，棍穿出后不能落地；

（3）要反复练习原地的抽棍与滑把，做到穿梭自如；

（4）要使穿腰、穿喉、穿背三种棍法连贯起来练习。

图 4-2-24

图 4-2-25

图 4-2-26

二十五、拄地棍

拄地棍属于过渡性棍法，常在借助棍接地协助支撑进行侧踹腿或侧翻时使用，分为拄棍侧踹和拄棍侧翻等。

（一）拄棍侧踹

1. 动作方法（见图 4-2-27）
（1）预备姿势为两脚前后分开站立，两手持棍（同前）；
（2）上体向右侧倾，使棍把拄地；
（3）上体继续向右侧倾，同时提起左脚向左侧上方踹腿。
2. 注意事项
（1）棍身与地面垂直，身体借棍拄地充分侧倒，侧踹要高，拄地与侧踹衔接要快；

(2)拄地时手臂不能太直,离身体不能太远;
(3)要结合左右两侧来练习左右侧踹腿。

图 4-2-27

(二)拄棍侧翻

1. 动作方法(见图 4-2-28)
(1)两脚前后分开站立,满把反握于棍身中后段,棍把在前;
(2)双手提棍在左脚正前方拄地,上体前俯,右脚向后、向上踢摆;
(3)左脚用力蹬地,两手紧握棍身,以棍为支撑,两腿依次在空中做扇形摆动;
(4)右脚、左脚依次落地。

2. 注意事项
(1)拄棍与地面垂直,左臂伸直贴紧棍身,两手支撑用力,侧翻要呈倒立,两腿要分开;

（2）开始练习时应有人保护，可让人协助侧翻，逐步独立完成；

（3）要克服恐惧心理，腾空，经空中倒立侧翻；

（4）侧翻时支撑点开始离地面要近一些，避免身体未翻就直接落下。

图 4-2-28

二十六、抛接棍

抛接棍属于过渡性棍法，常在连接两个攻击性动作时使用，其握棍部位可以变化，必要时也可加速向前追击。

1. 动作方法（见图 4-2-29）

（1）两脚前后分开站立或呈右弓步，右手单手握棍的一端；

(2)右手用力使棍前端向上翘起；

(3)抛棍使棍在空中向前翻滚半周，右手接握棍的另一端。

2.注意事项

(1)抛棍前使棍身上翘，便于在体前上空翻转，抛翻的力度要掌握好，以便接棍；

(2)要结合背后穿棍，右手向前抛出，左手随上步接棍；

(3)空中高度要适当，接棍时要注意时机。

图 4-2-29

第五章 棍术基本棍法组合练习

对于初学者来说，学习棍术除了学习基本棍法，还应该进行一些基本组合练习，将多种棍法配合身体动作连接起来。本章简单介绍几组基本的棍法组合练习，这不仅有利于熟练地掌握棍法，而且还可以提高练习兴趣。

第一节 歇步平举棍—蹲步扫棍—腾蹿后举棍—仆步摔棍

动作方法（见图 5-1-1）是：

（1）两手正握，右手握棍把，左手螺把握棍身后段，将棍平举于身体左前方，两腿下蹲成歇步；

（2）身体立起右转，右脚后撤一步，同时右手握把向右胸前拉棍，左手松棍自然前滑；

（3）身体继续右转，左脚向右脚靠拢下蹲，同时两手用力，使棍自左向右下扫，左手滑把于右手附近；

（4）两脚用力蹬地跳起，两小腿后屈，挺胸展腹，同时两手向上、向后举棍；

（5）两脚落地呈左仆步，同时两手握棍向下挥棍，目视棍前端。

图 5-1-1

第二节 弓步劈棍—弓步戳把—转身弓步戳棍

动作方法（见图 5-2-1）是：

(1) 并步右上举棍，左脚向左前方跨步呈左弓步，同时向下劈棍；

(2) 右脚上步于左脚旁，呈右丁步，右手向棍后段滑把，左手换握，棍梢端由前向后；

(3) 右脚上步呈右弓步，同时两手握棍经左腰侧向前戳把。

图 5-2-1

第三节 弓步背棍—马步平抡棍—换跳步、马步劈棍

动作方法(见图 5-3-1)是：
(1)预备姿势，右弓步肩背棍；
(2)重心左移呈马步，同时棍向左平抡，背于肩；
(3)两脚蹬地跳起，右转 180°，仍呈马步，同时经后举向下劈棍。

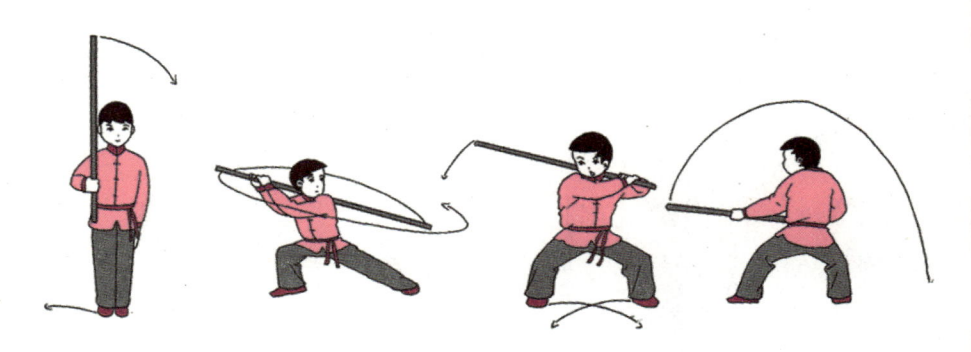

图 5-3-1

第四节 花弓步劈棍—震脚弓步架棍—虚步劈把—跳步转身云棍—弓步拨棍

动作方法(见图 5-4-1)是：

(1)并步站立，对手握棍于棍身中段；

(2)两手握棍在体前舞花半周，身体左转，左脚向前上半步；

(3)棍把向左下挂，继续舞花于身体左侧，右脚跨一大步呈右弓步，同时棍前段由左侧向前下劈；

(4)左脚向前屈膝提起，棍梢一端向上挑起，使棍立于身前；

(5)左脚向前落步呈左弓步，同时向前、向上架棍；

(6)左脚后撤半步呈左虚步，同时左手握棍收于右腋下，右手握棍由上向下劈把；

(7)左脚向左斜前方上步，蹬地跳起转身 360°，同时两手握棍在头上方云棍一周；

(8)落步呈左弓步,向左拨棍;
(9)右脚向右前方上步,左右转身拨棍。

图 5-4-1

第六章 棍术比赛规则

合理的程序是比赛顺利进行的前提条件,正确的裁判是比赛公平、公正的基本保障。比赛程序与裁判的相关知识,能够使观众更全面、更深入地欣赏比赛,同时又能使运动员游刃有余地进行比赛。

第一节 程序

目前所开展的棍术比赛有套路比赛、自选比赛和功法比赛等。其中,套路比赛的规模最大,其程序也最为完善和稳定。

一、参赛办法

参赛人以团体或个人的名义参加比赛。

二、比赛方法

比赛时,参赛者进行套路表演,结束后裁判给出分数,分数高者可以继续参加下一轮的比赛。

在下一轮的比赛中,参赛者依然表演同一套路,以此类推,直至排出最终名次。

三、时间

一套比赛要在规定的时间内完成,比赛过程中不能有时间隔断。棍术自选套路的时间不得少于1分20秒,青少年组和儿童组的时间不得少于1分10秒。

第二节 裁判

对比赛而言，裁判员合理的裁判工作是比赛顺利进行的保证；对运动员个人而言，了解和掌握裁判规则能够使自己充分发挥技术水平。

一、裁判员

棍术比赛中参加评分的裁判员有 3 组：
(1)A 组裁判员 3~5 名，负责评判动作质量分；
(2)B 组裁判员 3~5 名，负责评判演练水平分；
(3)C 组裁判员 2 名，负责评判难度分。

二、评分

各项比赛的满分为 10 分，其中动作质量的分值为 5 分，演练水平的分值为 2 分，难度的分值为 3 分。具体的评分标准和方法如下：

(1)因客观原因造成比赛中断者，可重做一次，不扣分，如自身原因造成的重做须扣 1 分；

(2)行抱拳礼时，拳、掌与胸之间的距离为 20~30 厘米，否则将被扣分；

(3)弓步不少于 4 次,仆步和虚步不少于 2 次,否则将被扣分;
(4)应在同侧场地完成相同方向的起势和收势,否则将被扣分;
(5)不同组别的主要棍法不得少于 8 组,否则将被扣分;
(6)应做完指定动作,否则将被扣分;
(7)器械或服装违反规定,应取消该项成绩。
当评分中出现明显不合理现象时,裁判长可以公开调整分数。裁判长对裁判员的评分有异议时,应在宣布最后得分之前进行调整。

三、违例

(1)出界。身体的某一部位接触线外地面,均为出界。
(2)倒地。由于失去平衡,使两肩、臀部、膝部、躯干着地,均视为倒地。

第七章 枪术概述

枪术是中国传统武术项目的一种。随着历史的不断变迁,枪术不断发展和演进,以它独特的魅力得到传播、推广、普及和发展。

目前,枪术作为一项体育运动项目,除了具有战阵中和练兵时常用的拦、拿、击、刺技法外,还具有许多攻守枪法,如扎、劈、崩、点、穿、缠、拨、挑、撞等,以及各种舞花枪。枪术已在武术运动中占有不可忽略的位置。

第一节 起源与发展

枪术起源于远古时代，在夏、商、周得到初步发展，在春秋战国时期就具有多种社会功能。经过秦、汉、三国、两晋南北朝、隋、唐、五代的不断丰富，到宋代时，枪术初步形成体系，到明、清时期，不同风格的枪术和器械得到大发展，流派林立，呈现繁荣景象。到了近代，枪术逐渐成为近代中国体育的有机组成部分。新中国成立后，枪术得到蓬勃发展，并逐步走向世界。

一、起源

枪是一种古代的兵器，由矛演变而来。枪术作为武术项目的一种，带有鲜明的技击性。这一基本特征使枪术与军事有着密不可分的联系。《吕氏春秋》记载："未有蚩尤之时，民固剥林木以战矣"，这表明木棍、木矛在远古时期就是兵器的一种。

商、周时代出现了"夷矛"、"酋矛"。秦汉时代长矛已演变成长枪。三国时期出现了铁头长枪。晋代，枪的枪头变得短而锋利。五代时枪已成了战场上重要的作战武器。隋代出现了枪的套路练法。唐代的枪有木枪、白杆枪、漆枪、朴枪等。宋代的枪术有了长足的发展，不但杨家将的杨家枪和岳家军的岳家枪威震四方，而且枪在民间也广为流传。到了明朝，枪术除了作为战阵中的军事武艺，在民间也有了极大的发展，有"使枪之家十七"的说法，如梨花枪、沙家枪、马家枪和峨眉枪等。晚清时期，枪术套路内容也十分丰富，除杨家枪外,还有六合枪、四平枪、锁口枪和五虎断门枪等。

二、发展

新中国成立后,武术成为社会主义文化和体育事业的一个组成部分,得到了蓬勃发展。枪术也随着武术的发展而发展,逐渐走上运动竞技场。

1950年,中华全国体育总会召开武术座谈会,倡导发展武术运动。中华人民共和国第一届全国运动会就设有枪术运动项目,这也在无形当中提高了枪术在武术比赛中的独特地位。

武术的研究整理工作也有所进展,20世纪50年代后,国家体委有关部门组织部分武术工作者研究、整理、出版了关于枪术等武术套路的书籍,使枪术的发展走向了新的宽广的道路。

第二节 特点与价值

枪术是中国传统武术项目的一种,具有朴实无华、重实战、刚柔兼济和动作路线多变等特点,而且兼具健身、文化和教育等方面的价值。

一、特点

(一)朴实无华、重实战

枪术的每个动作都具有实战性,而不仅仅侧重于动作的美观。典型动作有"拦拿扎枪",即拦住或拿住对方的攻击后,进行平扎枪。非常注重实战,不摆花架。

(二)刚柔兼济

枪术练习既要体现刚劲有力的一面,又要体现柔和运力的一面,使枪术在演练时看起来刚柔兼济。典型动作有"云枪",即运用腰部柔韧性来带动双臂进行快速有力的云枪动作。

（三）动作路线多变

枪术的动作路线多变，动作和动作之间的连接和变化，能够使枪术套路看起来更加具有实战性和观赏性。

二、价值

（一）健身价值

经常练习枪术能够使身体的协调性、灵敏性、柔韧性和力量都得到提高，有助于身体各部位均衡发展，获得健美的效果；有益于增强呼吸系统的机能，对心血管系统机能有良好的作用，还能改善神经系统的机能。而且，练习枪术时，意念和动作合为一体，使心灵和身体都得到了锻炼。

（二）文化价值

枪术是中华武术的瑰宝之一，它以中国古代独具特色的哲学思想作为理论基础，具有传播古代经典思想的文化价值。

(三)教育价值

枪术在教育方面历来重视"武德",引导学生养成尚武崇德的精神,这种精神正是传统的中华精神在武坛的缩影。"崇德"能培养"厚德载物"的气度,强调武德教育,就是要求习武者有手德、口德、公德。手德即较技时不以武力伤人,即使对待坏人,也以擒拿、点穴等法制服敌手为尚;口德即不以语言中伤他人;公德即遵守社会道德规范,不做扰乱社会治安的事。

枪术的技法还形成了"以柔克刚"、"舍己从人"等顺其自然、保护自己、不与人强争胜负的打法。这些崇尚武德的修养,能使习武者逐步养成与人友善、淳厚处世、宽容万物的气度,这正是"厚德载物"德行的具体体现。

第八章 枪术场地、器材和装备

　　枪术运动的动作形式多样,内容活泼,具有很强的观赏性和艺术性,对场地、器材和装备都有很高的要求。高质量的场地是枪术运动开展的前提,而良好的器材和装备是活动参与者发挥较高水平的必要保障。

第一节 场地

初学者可以在正规的比赛场地或空地上进行枪术练习,高水平的枪术运动则最好在正规的武术场馆进行,以减少不必要的运动损伤。

一、规格

(1)单练和对练项目的场地长 14 米、宽 8 米;
(2)集体项目的场地为长 16 米、宽 14 米;
(3)场地四周内沿应标明 5 厘米宽的边线,其周围至少有 2 米宽的安全区;
(4)在场地的两长边中间各有一条长 30 厘米、宽 5 厘米的中线标记;
(5)集体项目的场地四周内沿应标明 5 厘米宽的边线,其周围至少有 1 米宽的安全区(图 8-1-1)。

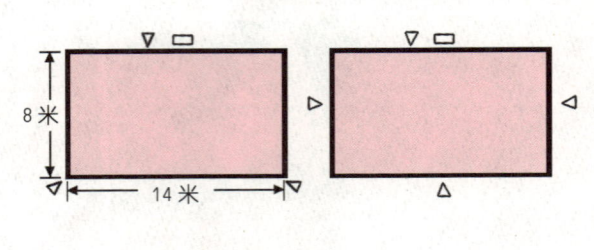

图 8-1-1

二、设施

正规的比赛场地应该铺设地毯。

三、要求

（1）比赛场上空，从地面量起应至少有8米的无障碍空间；
（2）如设两个以上比赛场地，两场地之间应有6米以上的距离。

第二节 器材

枪术运动的基本动作和套路动作都是通过红缨枪来完成的。

一、规格

（1）枪的全长不得短于本人直立直臂上举时从脚底到指端的长度；
（2）枪缨的长度不得短于20厘米；
（3）枪杆中线以下任何部位的直径，成年男子不得少于2.3厘米，成年女子不得少于2.15厘米，少年男子不得少于2.15厘米，

少年女子不得少于 2 厘米（见图 8-2-1）。

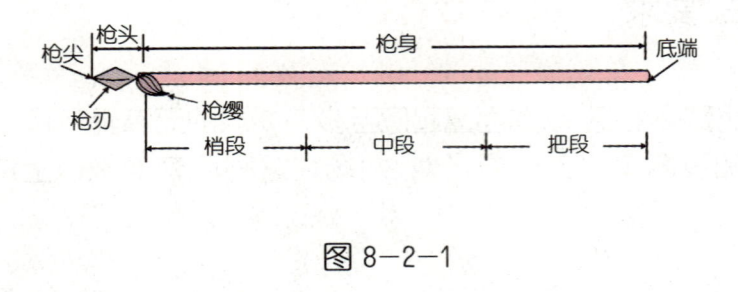

图 8-2-1

二、构造

（1）枪的前端称枪头，用金属制成，枪头最前端的尖锐部分称枪尖，枪头前半部两侧锋利部分称枪刃；

（2）枪身也称枪杆，木质（白蜡杆），枪身分三段：靠近底端为根端（也称把段），中间部分为中段，靠近枪头为梢段；

（3）枪头与枪身交接处的鬃状饰物称枪缨，呈红色。

第三节 装备

枪术运动的服装一般都是中式对褂，初学者在练习时最好穿专门的武术服和武术鞋，这样既有利于动作的练习和美感，同时又可避免不必要的运动损伤。

一、服装

（一）款式

（1）女子为中式半开门小褂（长袖或短袖自定），5对中式直袢，男子为中式对襟小褂（长袖或短袖自定），7对中式直袢；

（2）灯笼袖，袖口处加两对中式直袢；

（3）扎软腰巾，中式裤、西式腰，襟和立裆要适宜（见图8-3-1）。

图 8-3-1

(二)材质

服装舒适即可,原料的选择一般有以下原则:
(1)如果枪法沉着,步法稳健,选用平绒面料,效果比较好;
(2)如果枪法潇洒,犹如飞凤,应选择双绉或绸缎的面料为好。

二、鞋

比赛和表演中常见的是以羊皮或帆布制面、软胶制底的武术表演专用鞋,这种鞋既舒服又美观。

第九章 枪术基本技术

　　枪术中以拦、拿、扎为主,其中,扎枪是枪术中最主要的攻击方法。枪术基本技术包括握枪、扎枪、拦枪与拿枪、劈枪与挑枪、点枪、崩枪、穿枪和舞花枪等。

第一节 握枪

握枪与握棍有所不同，通常右手握于枪把为后手，左手握于枪杆中段为前手。枪术的握把技术方法常用于起势，动作要领是前手要松活，以便前后滑动；后手要紧握把端，出枪至前手触及后手为止，特点是动作简单、容易掌握。

(一) 动作方法（见图 9-1-1）

（1）双手将枪杆紧贴腰腹间，右手置于右腰侧，左手置于前方，两臂略屈；

（2）单手持枪通常以右手紧握枪把，屈臂，枪直立于右侧或体前。

(二) 注意事项

握枪把法基本与握棍把法相同，虎口朝向枪把一端为阴手握法，四指与拇指握紧为满把，四指握枪呈螺形为螺把，以拇指与食指握枪于虎口为钳把，松握枪杆并沿枪杆滑动为滑把，两手调换握枪前后位置为换把。

QIANGSHU JIBEN JISHU

图 9-1-1

第二节 扎枪

扎枪为枪术中最主要、最基本的攻击方法，可以用枪尖直刺对方身体各个部位，刺肩部以上为上枪，刺膝部以下为下枪，水平刺枪为平枪，枪杆高于胸部为上平枪，离地 20 厘米左右为低平枪。这些都是初学者的入门技术，特点是动作简单易学、容易掌握。扎枪包括一般扎枪和单手平扎枪等。

一、一般扎枪

(一)预备姿势

(1)两腿屈膝半蹲,呈半马步;
(2)左脚尖与枪尖同方向,两手握枪;
(3)右手与枪杆紧贴腰间,左手螺把握枪杆中段,臂略屈,目视枪尖。

(二)动作方法(见图 9-2-1)

(1)重心前移,右腿蹬直,呈左弓步;
(2)同时右手向前送枪,使枪杆沿送握左手滑动,向前方平扎,力达枪尖。

(三)注意事项

(1)右手送枪与右腿蹬直、向左转腰,要用力一致,力达枪尖;
(2)枪身平直,向前扎出;
(3)避免扎枪无力、枪杆离腰和枪身不平。

QIANGSHU JIBEN JISHU

图 9-2-1

二、单手平扎枪

(一)预备姿势

呈左弓步扎枪。

(二)动作方法(见图 9-2-2)

(1)左手略向后滑握把,将枪向上、向右绕行折回,两前臂在胸前交叉;
(2)同时左脚里扣,身体右转呈马步,接着左手松开,右手握枪向右平扎。

091

(三)注意事项

(1)右臂与枪杆呈一条直线,力达枪尖;
(2)做弓步时后腿蹬直;
(3)不能端肩;
(4)扎枪时避免枪尖扎不平稳。

图 9-2-2

第三节 拦枪与拿枪

拦枪与拿枪均为防御性方法。拦枪常在对方持武器直刺,由里向外拦格时使用;拿枪常在对方直刺,由外向里拿压时使用,特点是能够在有限的时间内快速进行防御,动作方法简单,适合青少年和初学者学练。

一、拦枪

拦枪常在防御对方前刺或正面进攻时使用,特点是在有效的范围内可以进行更好的防守,适合初学者学练。

(一)预备姿势

双手持枪,贴紧腰部,呈半马步。

(二)动作方法(见图9-3-1)

以左手为主,使枪前段由里向上、向外绕行,枪尖绕20厘米直径的圆弧。

(三)注意事项

(1)拦枪时划半圆,要迅捷,不能松散无力;
(2)运用腰腹肌的力量,不要用肩带枪;
(3)避免耸肩挺腹,造成动作不协调;
(4)避免后手翻腕不充分。

图 9-3-1

二、拿枪

拿枪常在拦枪后返回,做拿枪格挡时使用,特点是能够有效地进行防守,易于青少年或初学者掌握。

（一）预备姿势

双手持枪，贴紧腰部，呈半马步。

（二）动作方法（见图 9-3-2）

当完成拦枪动作后，以左手为主，使枪前段由外向上、里合、向下绕行，枪尖绕 20 厘米直径的圆弧，步法与拦枪相同。

（三）注意事项

（1）拿枪要有力，右手、腰部配合用力；
（2）绕圆弧度不要太大；
（3）避免两手用力不协调，枪尖未出现圆弧；
（4）动作幅度不宜太大。

图 9-3-2

第四节 劈枪与挑枪

劈枪是枪术演练中最为常见的一种枪法,为攻击性枪法。劈枪常在劈击对方头部、肩部和臂部时使用;挑枪常在挑击对方腋下,挑脱其手中武器时使用,特点是以巧攻击对方,以攻击要害部位为主,动作简单、容易学练。

一、劈枪

劈枪常在攻击时使用,特点是有很大的杀伤力,初学者容易学习和掌握。

(一)预备姿势

呈半马步,双手持枪。

(二)动作方法(见图 9-4-1)

(1)左腿向前跨一大步,右腿随之靠于左腿旁,呈右丁步;
(2)同时以左手为主,使枪由上向下劈击;
(3)举枪时左手心向后,劈下时手心朝上为反劈枪。

(三)注意事项

(1)劈枪时后手的位置一定是要在腰侧；
(2)前手滑枪杆时要松握，以便加速度；
(3)前手臂要保持弯曲，但不要太弯；
(4)避免前手握枪身握得太紧，不容易滑动；
(5)手臂不能过于伸直。

图 9-4-1

二、挑枪

挑枪常在进攻时使用，特点是快、狠、准，动作简单，初学者容易学习和掌握。

(一)预备姿势

与劈枪相同，均为半马步，双手持枪。

(二)动作方法(见图 9-4-2)

(1)左脚撤回于右脚旁，呈左丁步；
(2)同时以左手为主，由前向上挑起，左丁步不变，枪身直立，举于头上方。

(三)注意事项

(1)左手臂不能弯曲过大，保持伸直略屈；
(2)上挑和下劈时要有力，力达枪尖和枪杆前段；
(3)幅度不能太小，否则劈、挑无力；
(4)手臂不能过于伸直。

图 9-4-2

第五节 点枪

点枪是枪术演练中最为重要的枪法之一，为攻击性枪法，常在攻击时使用，特点是出其不意、出枪迅猛，动作简单易学，初学者容易学练。

(一)预备姿势

半马步双手持枪于腰间。

(二)动作方法(见图 9-5-1)

(1)右腿上步靠于左腿旁,呈右丁步;
(2)同时右手将枪向前送,左手松握滑把的后段,两手合力上抬,使枪尖突然向下点击。

(三)注意事项

(1)送枪时滑把与向下点枪衔接要紧,不可分开;
(2)向下点枪应短促有力,幅度不要太大;
(3)避免力点不准,无短促力;
(4)避免与劈枪不分,下点不明显。

图 9-5-1

第六节 崩枪

崩枪为先攻后防方法，常在对方直线进攻时使用，特点是枪法刚劲有力、动作简单，适合初学者练习。

(一)预备姿势

为右丁步点枪。

(二)动作方法(见图 9-6-1)

(1)右脚后撤一步，重心移至右腿，呈左虚步；
(2)同时左手松握，右手抽枪把于腰侧，近完成时左手猛然握紧枪杆，两手合力，使枪杆前段向上崩颤。

(三)注意事项

(1)左手由松握到紧握的时机要掌握好；
(2)先柔而后刚，运用爆发力；
(3)避免崩枪时两手配合不当，无爆发力；
(4)避免动作僵硬，枪杆不产生振动。

图 9-6-1

第七节 穿枪

穿枪技术动作有一定的演练难度,初学者比较难于掌握。学习穿枪动作需要一定的枪术基本功,特点是可以边闪躲边攻击,主要用于变换进攻方向,或出其不意地攻击对方。

(一)预备姿势

两脚左右分开站立,松把握枪,右手近于枪缨,左手握于枪杆前段。

(二)动作方法(见图 9-7-1)

(1)右手握枪,使枪头顺腹前向右抽,左手松握滑把,重心右移,呈右弓步,扎于对方体右侧;

(2)右手屈肘向左抽枪,左手松握滑把,呈左弓步;

(3)枪滑于左侧前方,高与肩平;

(4)头部与上体后仰,右手转换为手心朝上,握近枪处;

(5)随之右手向右抽枪,左手松握滑把,使枪头穿过喉前向右侧平刺。

(三)注意事项

(1)左手要松活,右手抽拉枪要迅速自如;

(2)穿枪时要贴近所穿部位,枪走直线;

(3)避免穿枪不流畅;

(4)避免穿枪离腰、离喉及离所穿部位的空隙过大。

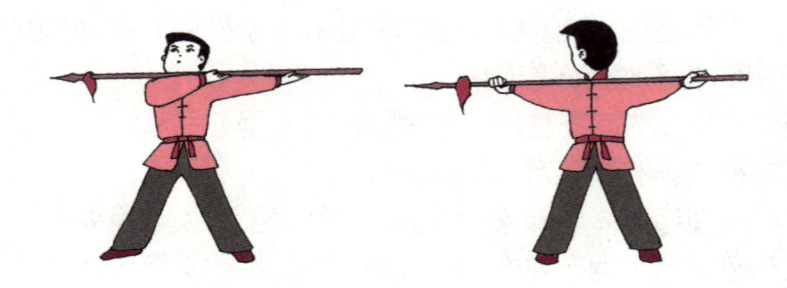

图 9-7-1

第八节 舞花枪

舞花枪为防御性枪法，常在对方攻击目标不明，在防御中伺机进攻时使用，特点是动作简单，容易学习掌握，适合初学者学练，包括屹立舞花枪和平舞花枪等。

一、屹立舞花枪

屹立舞花枪常在不知道进攻对方的情况时使用，特点是以防为攻。

（一）预备姿势

双手握枪于枪杆中段，左手在上，枪身直立于体前右侧，两脚略前后分开站立，右脚略前。

（二）动作方法（见图9-8-1）

（1）双手合力使枪尖向下、向身体右侧绕圆；
（2）上动不停，双手使枪把向身体左侧下方绕行，枪尖在身体右侧后方，向后、向上绕行；
（3）上动不停，双手使枪继续在身体左侧绕转一周，使枪尖转至身体上方；
（4）上动不停，双手使枪尖由上向前、向右下方绕行；
（5）上动不停，双手继续使枪尖向上绕行半周，达及动作预备姿势的部位，以此循环左右舞花。

（三）注意事项

（1）右手舞花时注意松握，前把握枪，使舞花灵活自如；
（2）切记向身体左侧将枪把一端下挂，向身体右侧将枪尖一端下挂；
（3）舞花时枪杆要呈立圆，尽量靠近身体；
（4）避免枪离身体两侧太远，不呈立圆；
（5）避免枪碰地。

图 9-8-1

二、平舞花枪

平舞花枪常在防御对方攻击上部，并在防守中伺机进攻时使用，特点是适合于有一定武术基本功的学习者学练，但初学者不易掌握。

(一)预备姿势

两脚分开站立，左手持枪于左侧平举，右手从左腋下反握枪身，枪身平置于左腋下，枪尖在前。

(二)动作方法(见图9-8-2)

（1）左手握枪用力向右肩上方弧形摆动，右手握枪把向左前方用力，两手同时使枪由左向右上绕弧形；

（2）上动不停，左手握枪继续由右肩上向后、向左平摆，右手摆至右上方，将枪横举于头上方；

（3）顺惯性不停，左手握枪摆至右胸前，向左上方摆动，使枪尖继续向后、向右弧形绕行；

（4）右手握枪继续向右平摆，使枪尖继续向后绕行。

(三)注意事项

（1）两手握枪要松活，枪身要平；

（2）舞动时枪身在头顶上平圆绕动，要连续、协调，动作应连贯，敏捷；

（3）幅度应大，防御力要强；

（4）避免枪身绕动不呈平圆，无力；

（5）避免握枪僵硬，枪运行不圆滑。

棍术 枪术

图 9-8-2

第十章 枪术初级套路

　　枪术初级套路是一种适合青少年和初学者练习的枪术套路动作,它包含了枪术的基本动作、技法、身法、眼法和步形等。整个套路动作连贯、一气呵成,但为了方便学习,初学者可分段进行练习。

第一节 预备动作

预备动作是在练习枪术套路动作之前的预备姿势，起到调整练习前的心态和精神的作用。

(一)动作方法(见图 10-1-1)

(1)两脚并步站立,右手握枪杆垂于身体右侧,左手五指并拢垂于身体左侧,目向左平视;

(2)右手握枪向上直举,左手在右手上面握住枪杆,两手虎口均向上,随后右手略向下移,目仍向左平视;

(3)左脚向前上半步,前脚掌虚着地面,呈左虚步,同时右肘略屈,臂前伸,手移握于枪把部位,高与肩平,同时左臂向左后下伸,使枪尖由上向左后方下摆,与膝同高,左手则移握于枪杆上部,即靠近枪尖部位,左臂伸直,目向左平视;

(4)左脚向左侧跨一步,脚尖向左,两腿屈膝半蹲呈半马步,同时右手握枪收于右腰侧,左手迎枪杆,摆至身体左侧,使枪尖由左后划弧摆至身体左侧,枪身平放,贴靠腹部,目视枪尖;

(5)右腿挺膝蹬直,上体随即左转,呈左弓步,同时两手握枪向前平扎,目视枪尖。

(二)技术要点

（1）右手松握枪杆中段，枪身须直立，胸、腰和颈部要自然挺直；

（2）向左后抡枪时，上体要及时向左扭转，抡枪、转腰和上步动作要协调一致；

（3）扎枪时要求平直有力，右手要猛力向前推进，同时右脚蹬地；

（4）转体使力量达于枪尖，左手保持原高度不变。

图 10-1-1

第二节 第一段

第一段包括插步拦拿中平扎枪、跳步拦拿中平扎枪、绕上步拦拿中平扎枪和括步拦拿中平扎枪等。

一、插步拦拿中平扎枪

(一)动作方法(见图10-2-1)

(1)上体右转恢复,呈半马步,同时右手握住枪把,撤至右腰侧,左手则向前移握于枪杆中段,目视枪尖;

(2)右脚从身后向左插步,同时右手握住枪把,右前臂向上翻起,高与肩平,左臂略外旋,使枪尖向后下方划半个立圆,此为"拦枪";

(3)上动不停,左脚向身体左侧横跨一步,呈半马步,同时右手握枪把,由上向前下方划半个立圆,停于右腰侧,左手则略向前合,臂略内旋,使枪尖由下向前上方划圆,此为"拿枪";

(4)上动不停,右腿挺膝蹬直,上体随即左转,呈左弓步,同时两手握枪向前平扎,目视枪尖。

(二)技术要点

(1)撤枪时右手向后平拉,不要摆动,拦枪时右手划圆不要太大,离身不得过远,动作要快;

(2)插步和拦枪应协调一致,拦、拿枪动作要尽量配合上腰用劲,使其灵活有力。

图 10-2-1

二、跳步拦拿中平扎枪

(一)动作方法(见图10-2-2)

(1)上体右转,恢复成半马步,同时右手握住枪把,撤至右腰侧,左手则向前移至枪杆中段,目视枪尖;

(2)右脚经左脚前向身体左侧提迈,左脚准备蹬地跳起,此时两手握枪,做拦枪动作;

(3)左脚蹬地跳起,右脚先落地,左脚随后在身体左侧落地,呈半马步,同时两手握枪,做拿枪动作;

(4)上动不停,右腿挺膝蹬直,上体随即左转,呈左弓步,同时两手握枪,做扎枪动作。

(二)技术要点

跳步与拦枪、跨步与拿枪动作必须配合协调。

图 10-2-2

三、绕上步拦拿中平扎枪

(一)动作方法(见图 10-2-3)

(1)上体右转,恢复成半马步,同时两手握枪撤回,目视枪尖;
(2)右脚向左脚前面,即左脚脚弓所对方向上一步,同时两手做拦枪动作;
(3)左脚继续向前上步,同时两手做拿枪动作;
(4)右脚绕过左脚内侧,向左脚左前方弧形上步,上体随即左转,同时两手握枪向前平扎。

(二)技术要点

(1)拦拿枪时动作要稳;
(2)绕上步时要和拦拿扎枪配合协调。

图 10-2-3

四、括步拦拿中平扎枪

(一)动作方法(见图 10-2-4)

(1)上体略右转,同时两手握枪撤回,目视左前方;

(2)左脚向前上一步,随即右脚向左腿后插一步,同时上体右转,两手做拦枪动作;

(3)左脚向身体左侧横跨一步,呈半马步,同时两手做拿枪动作;

(4)上动不停,右腿挺膝蹬直,上体随即左转,呈左弓步,同时两手握枪向前平扎,目视枪尖。

(二)技术要点

左脚上步和右脚插步要迅速、轻灵,并且要与拦枪动作配合协调。

图 10－2－4

第三节 第二段

第二段包括转身弓步中平扎枪、上步弓步推枪、仆步低平扎枪、提膝抱枪、提膝架枪、弓步拿扎枪、马步盖把枪和舞花拿扎枪等。

一、转身弓步中平扎枪

(一)动作方法(见图 10-3-1)

(1)身体重心移于右腿上,随即左腿屈膝提起,上体向左后转约 180°,同时右手握住枪把,向身体右上方提起,左手顺枪杆滑握于枪杆中段略靠上,两臂伸直,枪尖指向身体左后下方,目视枪尖;

(2)左脚顺势在身体左侧落步,屈膝半蹲,右腿随即挺膝蹬直,呈左弓步,同时右手握枪把,从上向下弧形翻转,手心向里,左手枪杆由左下向上弧形摆起,臂内旋,使枪尖划一立圆,再利用右手推送和转腰力量向前平扎枪,目视枪尖。

(二)技术要点

提膝转身动作要平稳,枪杆力求贴近身体。

图 10-3-1

二、上步弓步推枪

（一）动作方法（见图 10-3-2）

（1）身体重心后移，上体右转，呈半马步，同时两手握枪撤回，目视枪尖；

（2）右脚向身体左前方上一步，左脚再上一步，同时两手握枪，使枪尖向上、向后、向下，再向前划一立圆，目视枪尖；

（3）右脚继续向左前方上一步，屈膝半蹲，左腿挺膝蹬直，呈右弓步；

（4）同时两手握枪向前下方推出，右手握枪把停于头部右侧，高与头平，左臂向身体左前方伸直，手心向上，枪尖斜向下，目视枪尖。

(二)技术要点

(1)连续动作要求上步与绕枪协调一致；
(2)左手应虚握枪杆，这样有利于枪绕圆时活动自如。

图 10-3-2

三、仆步低平扎枪

(一)动作方法(见图10-3-3)

(1)左脚向左前方上一步,继而右腿屈膝全蹲,呈左仆步;
(2)同时两手握枪略向后撤,再沿着左腿内侧向外腿方向水平直刺,目视枪尖。

(二)技术要点

右腿尽量下蹲,左腿伸直平铺,上体略向左前方倾俯。

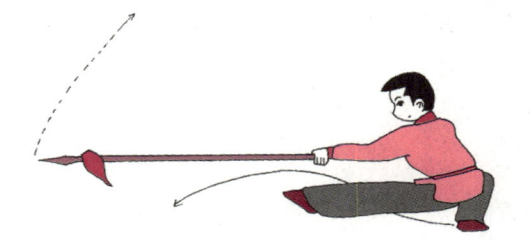

图10-3-3

四、提膝抱枪

(一)动作方法(见图10-3-4)

(1)身体起立略向左转,右脚向前上一步,左手下滑握住枪杆下段,右手随即换握于枪杆中上段,枪尖向上;

(2)左脚向前上一步,枪尖由上向后摆动;

(3)右腿屈膝提起,左腿伸直独立站稳,两手握枪,使枪尖由后向下,向前挑起,将枪托抱于身体左侧,枪尖指向前上方,此时两肘略屈,右手与肩同高。左手停于左胯旁,目视枪尖。

(二)技术要点

(1)上步速度要均匀,枪尖划圆要靠近身体;

(2)抱枪时右手应松握,左手应紧握。

图 10-3-4

五、提膝架枪

(一)动作方法(见图 10-3-5)

(1)右脚向前落步,身体左转,同时左手上滑,移握于枪杆中段,右手下滑,换握于枪杆下段,枪尖随转体指向后上方,目视枪尖;

(2)左脚向前上步,身体随即右转,同时枪杆上段继续向下、向前划圆,使枪尖指向前下方;

(3)左腿屈膝提起,右腿独立,同时左手握枪,平伸前推,手心向上,右手滑握于枪把,臂向后上举,枪尖仍指向前下方,高与膝平,目视枪尖。

(二)技术要点

独立势要稳。

图 10-3-5

六、弓步拿扎枪

(一) 动作方法 (见图 10-3-6)

(1) 左脚向前落步,上体略右转,呈半马步,同时右手由上向下翻转划圆,做拿枪动作;

(2) 上动不停,右腿挺膝蹬直,上体左转,呈左弓步,同时两手握枪向前平扎。

(二) 技术要点

落步和拿枪动作要协调一致。

图 10-3-6

七、马步盖把枪

(一)动作方法(见图 10-3-7)

(1)上体右转,呈半马步,同时两手握枪撤回,目视枪尖;

(2)身体重心略后移,两手顺枪杆上滑,使枪杆后移,枪尖斜向前上方,高与鼻平;

(3)右脚向前上一步,上体随即向左后转,两腿半蹲,呈马步,同时两手提枪,随上步和转体动作使枪把从后下向上、向前、向身体右侧劈盖,高与肩平,此时右臂向右平伸,手心向下,左手屈抱胸前,枪身略平,目视枪把。

(二)技术要点

(1)枪后移时,右手先向后带,随即两手前滑;
(2)劈把时应以右手用力为主,同时配合身体下蹲的下压力。

图 10-3-7

八、舞花拿扎枪

(一)动作方法(见图 10-3-8)

(1)身体右转,右脚略向后撤,呈高虚步,同时左手握枪随转体动作向上、向前下压,右手握枪经腹前向左腋下绕行,使枪尖由左向上、向前抡圆,枪把沿左腿外侧向下、向后抡圆;

(2)上动不停,左手继续下压,并向右肩外侧下摆,右手则伸向身体左侧,两臂在胸前交叉,左臂在外,同时上体右转,使枪尖由前面沿右腿外侧向后摆去,目视枪尖;

(3)左脚向右脚前方上一步,同时右手握枪向下、向后摆去,停于右腰侧,左手则向上、向前抡摆,使枪尖出后向上、向前绕行,枪身呈水平;

(4)右脚向左脚后插一步,身体随即从右向后转约180°,同时两手握枪,随转体动作向下、向转体后的身体左侧推出,此时右手移握于把端,置于头部上方,左臂水平伸直,枪尖斜向左下方,目视枪尖;

(5)左脚向左侧进半步,随即右腿挺膝蹬直,上体左转,呈左弓步,同时两手做拿枪动作,继而向前平扎。

(二)技术要点

(1)舞花时两手应虚握枪杆,以便两臂呈十字交叉,枪杆抡圆,并且贴身;

（2）插右步和向右后转体动作必须同时进行，连贯协调。

图 10-3-8

第四节　第三段

第三段动作包括上步劈扎枪、挑把转身拿扎枪、横裆步劈枪、虚步下扎枪、歇步拿枪、马步单平枪、插步拦拿中平扎枪和弓步拉枪。

一、上步劈扎枪

(一)动作方法(见图10-4-1)

(1)身体重心后移,上体右转,呈半马步,同时两手握枪撤回,目视枪尖;

(2)上体左转,右脚提起,向前平蹬,脚尖朝向身体右侧,同时左手握枪略向上提,使枪尖向前上方挑起,高过头顶;

(3)右脚向前落步,脚尖外撇,两腿半蹲呈交叉,同时左手下压,使枪尖由上向前下劈,高与腰平,左脚向身体左侧上一步,右腿挺膝蹬直,上体左转,呈左弓步,同时向前扎枪。

(二)技术要点

(1)蹬脚与挑枪、落步与劈枪动作要协调;

(2)劈枪时,左手下压要与右手略上提配合协调,枪须直向下劈。

图10-4-1

二、挑把转身拿扎枪

(一)动作方法(见图10-4-2)

(1)身体重心后移,上体右转呈半马步,同时两手握枪撤回,目视枪尖;

(2)上体向左后转,同时右脚向前上一步,两手松握枪杆使枪后缩,继而随上步动作使枪把沿右腿外侧向前挑起,此时右臂前伸,高与肩平,手心向下,左臂屈肘于左腰侧,手心向下,目视枪把;

(3)枪把继续上挑,右脚尖里扣,左腿屈膝提起,上体随即向左后转180°,使枪尖沿左腿外侧向转体后右下方绕行,目视枪尖;

(4)左脚向身体左侧落步,右腿挺膝蹬直,上体随即左转,呈左弓步,同时两手握枪做拿枪动作,继而向前平扎。

(二)技术要点

(1)转身和枪尖绕行是一个连续动作,不要停顿;
(2)挑把转体后,右手即移握于枪把。

图 10-4-2

三、横裆步劈枪

(一)动作方法(见图 10-4-3)

(1)身体重心后移,上体右转,呈半马步,同时两手握枪撤回,目视枪尖;

(2)右脚向左脚后撤一步,同时两手握枪,使枪尖向前下方绕行,紧接着左脚向后退一步,右腿前弓,左腿伸直,呈左横裆步,同时两手握枪,使枪尖继续由下向身后、向上、向前下劈,枪尖指向左前下方,高与膝平,左臂前伸,手心向下,右手停于右肋侧,目视枪尖。

(二)技术要点

(1)劈枪与横裆步要协调一致;
(2)下劈时右手用力下压,上体略向右前倾,以加大压力。

图 10-4-3

四、虚步下扎枪

(一)动作方法(见图 10-4-4)

(1)左脚向前上一步,同时两手握枪,使枪尖由下向身前、向上绕行;

(2)右脚从左脚内侧绕过,向前上一步,两手握枪,使枪尖由上向后、向下绕行,目视枪尖;

(3)左脚继续向前上步,脚尖点地,呈高虚步,同时两手握枪,向前下方扎出,目视枪尖。

(二)技术要点

(1)枪尖绕圆时速度要均匀,用力不要过大;
(2)下扎枪时上体要伸展。

图 10-4-4

五、歇步拿枪

(一)动作方法(见图 10-4-5)

(1)上体左转,同时右手握枪把,从上向右、向下划半圆至腹前,左臂相应内旋、前伸,手高与胸平,虎口向上,使枪尖由下向左上方绕行;

(2)上动不停,两腿下蹲呈歇步,同时两手握枪做拿枪动作,枪尖继续向下划圆,左臂向前平伸,右臂屈抱于腹前,手心向上,枪身平放,目视枪尖。

(二)技术要点

枪向上划圆时不要用力,下蹲与拿枪动作须协调一致。

图 10-4-5

六、马步单平枪

(一)动作方法(见图 10-4-6)

(1)两腿起立,右脚向前上一步,随即身体左转,两腿下蹲呈马步;

(2)同时左手撒把向左平伸,呈立掌,右手握枪把使枪向右平扎,目视枪尖。

(二)技术要点

上步与扎枪须同时进行,枪身要平,右手心转向上。

图 10-4-6

七、插步拦拿中平扎枪

(一) 动作方法 (见图 10-4-7)

(1) 右脚尖外撇,左脚尖里扣,上体向右后转,同时右手握枪把撤至右腰侧,左手随即向下经左腰侧前伸,握住枪杆中段;

(2) 左脚向身体左侧跨一步,继而右脚向左倒插一步,同时两手握枪做拦枪动作;

(3) 左脚向身体左侧跨一步,两腿屈膝半蹲,呈半马步,同时两手握枪做拿枪动作;

(4) 上动不停,右腿挺膝蹬直,上体随即左转,呈左弓步,同时两手握枪向前平扎,目视枪尖。

(二) 技术要点

(1) 扎枪时不要端肩,枪身扎平;
(2) 做插步时枪要随身,动作配合协调大方。

图 10-4-7

八、弓步拉枪

(一)动作方法(见图 10-4-8)

(1)左脚尖里扣,左腿蹬直,重心后移,上体右转,右腿屈膝半蹲,呈右弓步;

(2)同时右手握住枪把,随转体动作拉向右肩前,左臂略内旋、下压,使枪尖向后下方绕行,高与踝关节平,目视枪尖。

(二)技术要点

转体时身体须保持原来高度,转体与拉枪动作要协调。

图 10-4-8

第五节 第四段

第四段包括转身中平扎枪、转身拉枪、插步拨枪、并步下扎枪、跳步中平扎枪、撤步盖把枪、仆步劈枪—弓步中平扎枪和转身弓步中平扎枪等。

一、转身中平扎枪

(一)动作方法(见图 10-5-1)

(1)左脚向身体右侧跨一步,屈膝,右腿蹬直,上体和持枪姿势同前;

(2)右脚移至左脚内侧,上体和持枪姿势不变;

(3)以左脚为轴,身体向左后转接近 180°,右脚随即向身前上一步,呈右弓步;

（4）同时左手前伸，高与腰齐，右手握枪把由右肩前向下、向腹前肚脐处绕行，手心向上，使枪尖由下向身后、向上划圆，目视枪尖；

（5）上动不停，两手握枪，向前平扎。

（二）技术要点

上步和转体动作要稳定，右脚在离地绕步时不要提得太高。

图 10－5－1

二、转身拉枪

(一) 动作方法（见图 10-5-2）

(1) 身体突然左转，左腿屈膝提起，右腿蹬直；
(2) 同时右手握枪把猛向上提拉，置于右胸前，左手滑握于枪杆中段，随转体动作使枪尖由右前侧向身体左下侧绕行，与踝关节同高，目视枪尖。

(二) 技术要点

(1) 拉枪与转体要协调一致；
(2) 枪尖斜向下，但不可触地。

图 10-5-2

三、插步拨枪

（一）动作方法（见图 10-5-3）

（1）左脚向左侧落地，呈横裆步，同时左手向前下方推送并略向右手附近滑握，右手随即向左下推枪把，使枪尖向前下方拨动；

（2）右脚经左腿后向左插步，左手握枪高度不变，右手握枪把拉向右肋前，使枪尖向后下方拨动，目视枪尖。

（二）技术要点

（1）前拨枪和落步、后拨枪和插步都要协调一致，同时这两组动作要连贯，中间不要停顿；

（2）整个动作过程身体保持原高度不变。

图 10-5-3

四、并步下扎枪

(一)动作方法(见图 10-5-4)

(1)左脚向左横跨一步,同时两手握枪,使枪尖由下向前上方划弧挑起,枪尖高与头平;

(2)右脚向左脚靠拢,两腿伸直,呈并步站立,同时两手握枪,使枪尖继续由上向左前下方划弧扎出,此时左手前伸,高与肩平,手心向前上方,目视枪尖。

(二)技术要点

(1)枪尖划弧时不要高过头顶;
(2)向下扎枪后,枪杆置于身体左前侧,枪身斜举,目视枪尖。

图 10-5-4

五、跳步中平扎枪

(一)动作方法(见图10-5-5)

(1)左脚蹬地,右脚向前跳一步,左脚略离地,靠近右脚,同时右手握枪把向下翻转,随后撤至右腰侧,做拿枪动作,左手前伸滑握于枪杆中段;

(2)左脚向前落步,屈膝,右腿挺膝伸直,呈左弓步,同时两手退枪向前平扎,目视枪尖。

(二)技术要点

跳步不要过高,动作须灵活,并应与拿枪动作协调一致。

图10-5-5

六、撤步盖把枪

(一)动作方法(见图 10-5-6)

(1)身体重心后移,上体略向后转,左脚略向后撤,同时两手握枪使枪杆后缩,左臂平屈胸前,右手撤至右胯侧,枪尖斜向前上方,高与头平;

(2)上体左转,身体重心前移,同时右手由后向上、向前绕行,手心向下,使枪把由后向上、向前盖劈,高与头平,左手则收至右腋下,目视枪把。

(二)技术要点

枪杆后缩时,两手要松握并前移,盖把时右手要用力下压。

图 10-5-6

七、仆步劈枪—弓步中平扎枪

(一)动作方法(见图10-5-7)

(1)右手继续向下、向身体左侧摆去,使枪把由前经左下侧向后上方绕行,划一个立圆,枪尖指向左后上方,在枪把划圆时,右脚向前提起,右手移握于枪把,左手亦略下移,握于枪杆中段,目视枪尖;

(2)左腿用力蹬地跳起,右脚先向前落地,脚尖外撇,同时两手握枪,枪尖向上、向前划弧,左手前伸,右手收于右肋旁;

(3)右腿全蹲,左脚向前落步,脚伸直平铺,呈左仆步,同时左手用力使枪杆上段下劈,左臂前伸,右手仍在右肋旁,上体向左前侧倾俯,枪杆与踝关节齐平;

(4)重心前移,呈左弓步,同时两手握枪向前平扎,目视枪尖。

(二)技术要点

(1)枪把划圆,即拨枪时要以右手用力为主;
(2)枪下劈时,右手要向后拉带。

图 10-5-7

八、转身弓步中平扎枪

(一)动作方法(见图 10-5-8)

(1)身体重心略向后移,两手握枪使枪杆水平后缩;

(2)右脚向前上一步,屈膝前弓,同时右手握枪,使枪把由后向下、向前上方挑起,枪把与头同高,左手停于左胯旁,目视枪把;

(3)上体向左后转,左膝随即提起,呈右独立势,同时右手移握于枪把,上举于头部上方,左手也略向枪把处滑握,枪尖高与左脚背平;

(4)左脚向左侧落步,屈膝前弓,上体左转,同时两手握枪做一拿枪动作后向前平扎,目视枪尖。

(二)技术要点

挑把时,枪把须贴近右腿外侧。

图 10-5-8

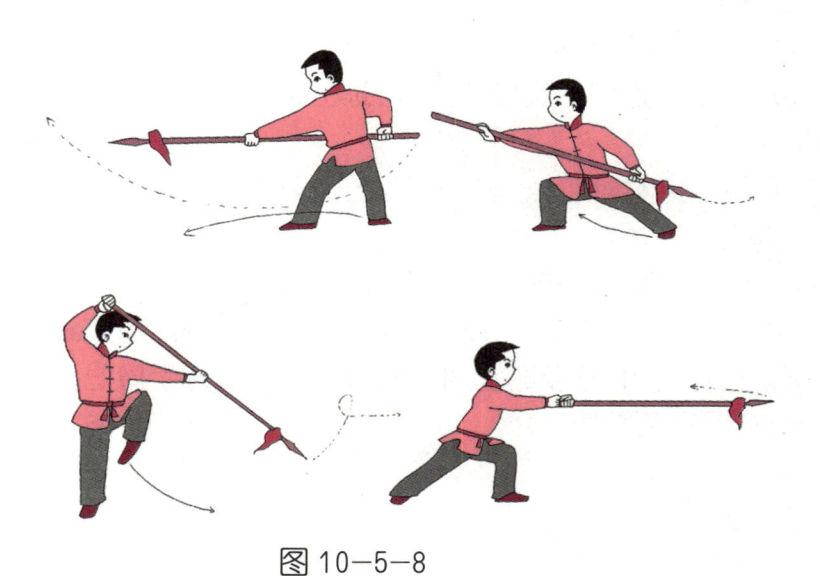

第六节 收势

收势由5个连续动作组成。

(一)动作方法(见图10-6-1)

（1）上体右转，重心略后移，呈半马步，同时右手握住枪把，撤至右腰侧，左手则移握于枪杆中段，目视枪尖；

（2）两脚直立，左手握枪杆向后上摆，使枪尖指向左后上方，上

体随即略向左转；

（3）上体继续左转，右手向头前摆起，左手则继续向后下落，使枪尖从左后上方向下弧形绕行，同时左脚向身前移半步，呈高虚步持枪姿势；

（4）右手继续向上、向右拉开，左手左摆，枪杆斜横于身前，枪尖指向左下方，目向左平视；

（5）右手向身体右下侧落手，左手向左前上方托起，使枪尖由左向左前、向右上方绕行，同时左脚撤回，与右脚并步站立，当枪杆到达垂直部位时，右手略上滑，握枪杆中下段，左手撒把，下垂于身体左侧，目向前平视。

（二）技术要点

（1）枪尖由左下向上探至垂直位置，必须划一个斜形立圆；

（2）在枪杆动的过程中，左手始终要松握，使之滑动自如。

图 10-6-1

第十一章 枪术比赛规则

枪术比赛是普及枪术运动的一种很好的形式,它在长期的发展中已经具备了自身完整的比赛程序和裁判方法。

第一节 程序

枪术比赛中，裁判员要有严密的组织工作和严格的评分标准。运动员如果对评分标准了然于胸，就能在比赛中游刃有余、自如发挥。

一、参赛办法

枪术比赛即是套路表演，运动员首先要进行报名，参加的比赛级别不同，所进行的场数也不相同。报名后要经过资格审查才能有机会参加比赛。

二、比赛方法

（1）运动员到检录处检录；
（2）裁判员入场；
（3）运动员进入场地，提交检录名单；
（4）开始比赛；
（5）运动员完成一整套动作后，裁判员进行评分。

第二节 裁判

枪术比赛当中裁判员的组织工作和评分标准是非常重要的，因此需要我们对相关知识有一定的了解。

一、裁判员

(一)裁判人员的组成

(1)总裁判1人,副总裁判1人;
(2)每组设裁判长1人,裁判员7~8人(包括套路检查、记分、计时员);
(3)编排记录长1人,编排记录员2~3人;
(4)检录长1人,检录员1人;
(5)报告员1~2人。

(二)裁判人员的职责

裁判人员在大会领导下要严肃、认真、公正、准确地做好裁判工作,其职责如下:

1. 总裁判

总裁判员责比赛事宜,指导各裁判员的工作,保证规则的执行。

(1)比赛前,组织裁判人员熟悉规则和裁判方法,检查各项准备工作;
(2)讲解和解决规则中不详尽或无明文规定的问题,但无权修改规则;
(3)在裁判员的评分不能取得一致时,可作最后决定;
(4)在比赛进行中,运动员有不正当行为或裁判人员发生严重错误时,可酌情处理;

(5)在竞赛过程中,根据工作需要可调动裁判人员;

(6)审核并宣布大会比赛成绩,搞好裁判总结工作。

2.副总裁判

协助总裁判搞好工作,在总裁判缺席时,由1名副总裁判代行其职责。

3.裁判长

(1)组织裁判组的业务学习,落实裁判工作的各项事宜,也可以参加评分;

(2)负责运动员申请重做和掌握套路的时间、组别以及器械不符合规定等方面的扣分,宣布运动员完成套路的最后得分;

(3)评分中有效分之间出现不允许的差数时,可根据规则进行调整;

(4)评分中出现明显不合理现象时,在举出运动员最后得分前,有权公开示分调整;

(5)裁判员发生严重错误时有权处理。

4.裁判员

(1)认真执行大会的各项决定,参加裁判学习和做好各项准备工作;

(2)认真执行规则,独立进行评分,并做详细记录;

(3)裁判长发出信号后,各裁判员必须同时示分,并且要使裁判长首先看到,然后使运动员和观众看到。

5.编排、记录长

(1)负责编排记录处的全部工作,根据大会要求,编排好秩序册;

(2)准备比赛时需要的记录表格,计算得分及排列名次。

6.编排、记录员

根据编排记录长分配的任务进行工作。

7.记分、计时员

（1）准确地计算运动员完成套路的时间，遇有与规则不符者，应及时报告裁判长；

（2）负责所在裁判组的记分工作，并核算最后得分。

8.套路检查员

负责检查运动员的套路内容，如遇与规则不符者，予以扣分并及时报告裁判长。

9.检录长

负责检录处的全部工作，如有变化应及时与总裁判取得联系。

10.检录员

（1）按照比赛顺序及时召集运动员做好出场准备，委托一名运动员负责带队入场，并向裁判长递交检录表；

（2）检查运动员的器械，如遇与规则不符者，通知其更换，如不更换，报告裁判长。

11.报告员

在比赛过程中，报告比赛成绩，介绍竞赛规程、规则和比赛项目的特点，以及经大会审查过的有关武术运动的宣传材料。

二、评分规则与方法

枪术比赛的最高分值为 10 分，主要从动作规格、劲力和协调，以及精神、节奏、风格、内容、结构和布局等方面来评分。

（一）动作规格

动作规格的分值为 6 分，具体评判标准如下：

（1）凡手形、步形、手法、步法、身法、腿法、跳跃、平衡和各种器械的方法，与规格要求轻微不符者，每出现一次扣 0.1 分；

（2）与规格要求显著不符者，每出现一次扣 0.2 分；

（3）与规格要求严重不符者，每出现一次扣 0.3 分；

（4）一个动作出现多种错误时，最多扣分不得超过 0.3 分。

（二）劲力和协调

劲力和协调的分值为 2 分，具体评判标准如下：

（1）凡劲力充足、用力顺达、力点准确、手眼身法步协调（器械项目还应身械协调）、动作干净利落者，给予满分；

（2）凡与要求轻微不符者，扣 0.1～0.5 分；

（3）显著不符者，扣 0.6～1 分；

（4）严重不符者扣 1.1～2 分。

（三）精神、节奏、风格、内容、结构和布局

精神、节奏、风格、内容、结构和布局的分值为 2 分，具体评判标准如下：

（1）凡符合精神饱满、节奏分明、风格突出、内容充实、结构合理、变化多样、布局匀称的要求者，给予满分；

（2）凡与要求轻微不符者，扣 0.1～0.5 分；

（3）显著不符者，扣 0.6～1 分；

（4）严重不符者，扣 1.1～2 分。